特別活動の
理論と実際

Theory and Practice of Extraclass Activities

河村茂雄 編著

よりよい集団活動を通して
「人間関係形成」
「社会参画」
「自己実現」の力を育む

図書文化

はじめに

　特別活動は，集団活動を教育内容とし，かつ，集団活動が方法原理である。つまり，特別活動は「主体的な学び」「対話的な学び」「深い学び」のある学習活動を旨としており，その重要性がいま強く再認識されている。

　本書は，特別活動の学習の意義，考え方，方法論や指導の実際を，新しい学習指導要領の指針にそって解説することを企図したものである。

　また本書の内容は，2017（平成29）年11月17日に取りまとめられた「教職課程コアカリキュラム」を踏まえている。教職課程コアカリキュラムとは，教員養成課程において学生たちに教授すべき学習内容を示したものである。

　情報や知識が急速に更新されていく変化の激しい「知識基盤社会」で生きる力を獲得するには，既成の知識を有しているだけでは不十分である。変化に対して自らも知識や技術を更新し，新たな状況下に応じた最適解を他者と協働して生み出していける資質・能力（コンピテンシー）を獲得していることも必要とされる。

　このような資質・能力を育む観点から，2017（平成29）年版学習指導要領（高等学校は2018年）は，学校教育を通して「何を学ぶか」「どのように学ぶか」「何ができるようになるか」という視点で，習得・活用・探究という学びの過程において，子どもたちの「主体的な学び」「対話的な学び」「深い学び」を一体的に実現させる必要性を示した。

　本書は，学校現場で試行錯誤を重ねている先生方に，将来，教師として児童生徒の教育にかかわろうとしている学生のみなさんに，今日的な学校教育の課題を特別活動の視点から説明し，統合的に教育実践を進めていくためのストラテジーを提供したいという思いから企画した。これからの学校教育に真摯にかかわろうとする多くの方々に，参考にしていただけたら幸いである。

　　2018年8月

早稲田大学教授
博士（心理学）　河村　茂雄

特別活動の理論と実際
よりよい集団活動を通して「人間関係形成」「社会参画」「自己実現」の力を育む

目次

はじめに………………………………………………………………………………3

第1部　理論編

第1章　特別活動はどんな学習活動か……………………………………8
　1節　はじめに－学校教育の思い出に残る特別活動－　8
　2節　学習活動としての集団活動の特質　8
　3節　集団活動の学習形態や展開方法　12

第2章　特別活動の教育上の特性…………………………………………18
　1節　近代に成立した学校教育の中心は教科教育　18
　2節　課外活動の位置づけ　19
　3節　3つのタイプに分けられる世界の学校　19
　4節　日本の学校教育と学級経営の始まり　21
　5節　戦後から今日にいたる特別活動の位置づけ　24
　6節　これからの日本の学校教育における特別活動の特質　28

第3章　特別活動の目標とおもな内容……………………………………30
　1節　特別活動の目標　30
　2節　学級活動・ホームルーム活動の概要　31
　3節　児童会活動・生徒会活動の概要　33
　4節　クラブ活動の概要　35
　5節　学校行事の概要　36
　6節　国歌・国旗の取り扱い　38

第4章　特別活動の教育課程上の位置づけ………………………………39
　1節　教育活動全体における意義　39
　2節　各教科および外国語活動との関連　40
　3節　道徳教育・道徳科との関連　41
　4節　総合的な学習の時間との関連　43
　5節　学級経営との関連　44
　6節　生徒指導（ガイダンス・カウンセリング）との関連　45
　7節　キャリア教育との関連　46

第5章　特別活動で教師に求められる力量………………………………47
　1節　特別活動における教師の指導力のあり方と実際　47
　2節　子どもが「自ら獲得できるように支援する」指導行動とは　48
　3節　ガイダンスとカウンセリング　52

4

4節　人間関係を形成するために必要な技法　54

5節　構成的グループエンカウンター　55

6節　学級ソーシャルスキル（CSS）　56

7節　アサーション・トレーニング　59

8節　人間関係のアセスメント：Q-U　60

第6章　特別活動と学級経営－学級集団の心理学－…………………………65

1節　学習指導要領に位置づけられた特別活動のなかの学級活動　65

2節　学級風土　66

3節　学級集団づくり　67

コラム　どの子にも育てたいリーダーシップ……………………………70

第2部　実際編

第7章　特別活動の全体計画と指導計画……………………………………76

1節　全体計画と年間指導計画　76

2節　学級の発達段階と教師のリーダーシップ　79

3節　小学校における全体計画と年間指導計画　82

4節　中学校における全体計画と年間指導計画　84

コラム　現場での特別活動のイメージ…………………………………86

第8章　学級活動・ホームルーム活動とは…………………………………88

1節　小・中学校における学級活動の目標　88

2節　小・中学校の学級活動における学習過程　89

3節　小・中学校における学級活動の内容　92

4節　小・中学校における学級活動の指導計画　94

5節　高等学校のホームルーム活動　97

第9章　学級活動の指導の実際…………………………………………98

1節　小学校学級活動／学級会　98

2節　小学校学級活動／学年オリエンテーション　100

3節　中学校学級活動／クラス会議　103

4節　中学校学級活動／キャリア教育　106

5節　荒れの見られる集団で行う学級活動の指導のポイント　108

コラム　KJ法による整理の仕方………………………………………113

コラム　話合い活動のルールと発言……………………………………114

第10章　児童会・生徒会活動とは……………………………………116

1節　生徒会活動とは何か　116

2節　生徒会活動の成立と展開　117

3節　生徒会活動の目標と内容　118

4節　生徒会活動の指導計画　120

5節　生徒会活動の指導の注意点　121

第11章　児童会・生徒会活動の指導の実際 ································ 122
　1節　児童会活動の指導計画　122
　2節　児童会活動の指導内容　123
　3節　児童会活動の指導の実際　124
　4節　荒れの見られる集団で行う児童会活動の指導のポイント　125
　5節　生徒会活動の指導計画　128
　6節　生徒会活動の指導内容　128
　7節　生徒会活動の指導の実際　130
　8節　荒れの見られる集団で行う生徒会活動の指導のポイント　130

第12章　クラブ活動の内容と指導の実際 ································ 133
　1節　学校教育におけるクラブ活動　133
　2節　特別活動におけるクラブ活動の位置づけの変遷－部活動との関連－　133
　3節　クラブ活動の目標と内容　135
　4節　クラブ活動の指導計画の考え方　136
　5節　クラブ活動の年間指導計画　138
　6節　クラブ活動の実践例　140
　7章　荒れの見られる集団で行うクラブ活動の指導のポイント（小学校）　142
　8節　荒れの見られる集団で行う部活動の指導のポイント（中学校）　144

第13章　学校行事とは ································ 146
　第1節　学校行事の目標と学習過程　146
　第2節　学校行事の内容　148
　第3節　学校行事の指導計画における考え方　151

第14章　学校行事の指導の実際 ································ 153
　1節　学校行事の指導のポイント　153
　2節　指導事例A：音楽会（文化的行事）　153
　3節　荒れの見られる集団で行う学校行事の指導のポイント　158

第15章　特別活動における評価 ································ 162
　1節　特別活動における評価の意義　162
　2節　特別活動における評価の方法　164
　3節　特別活動における評価の具体　169

引用及び参考文献一覧 ································ 175
あとがき ································ 179
編著者紹介 ································ 181

第1部
理論編

第1章　特別活動はどんな学習活動か……………………………8

第2章　特別活動の教育上の特性……………………………………18

第3章　特別活動の目標とおもな内容……………………………30

第4章　特別活動の教育課程上の位置づけ………………………39

第5章　特別活動で教師に求められる力量………………………47

第6章　特別活動と学級経営－学級集団の心理学－…………65

特別活動はどんな学習活動か

第1節　はじめに ─ 学校教育の思い出に残る特別活動 ─

　成人になった人々に，小・中・高の学校時代の思い出を聞くと，運動会・体育祭，学芸会・合唱祭，修学旅行など，特別活動の思い出を語る人は多い。思い出に残るということは，特別活動の体験が生涯にわたって，その人の人生に少なからず影響を与えているということである。

　その要因は，特別活動には，子どもたちが主体的に創意工夫できる活動が多い，友達と協働しながら取り組める活動が多い，点数などの成績に関係なく自由に楽しく取り組める活動が多い，からではないだろうか。

　この特別活動の教育内容と方法原理は，まさにこれからの学校教育で目指される方針と通底し，特別活動の重要性が再認識されてきたのである。

　その方針とは，変化の大きな社会のなかで生きる力として必要な資質・能力は，学習内容を人生や社会のあり方と関連させて深く理解し，問題解決に活用できることが必要であり，そのために学びの過程で「主体的な学び」「対話的な学び」「深い学び」を一体的に実現させる必要があるということである。

第2節　学習活動としての集団活動の特質

　特別活動は，集団活動を教育内容とし，かつ集団活動が方法原理である。学校教育における教科教育も集団で行われるが，それは一人の教師からの

第2節　学習活動としての集団活動の特質

知識の伝達をより多くの子どもたちに同時に受けさせるという，経済的な効率を踏まえたシステムの面が強い。一斉授業方式（p.18参照）というものである。

それに対して，特別活動における集団活動は，集団活動を通しての子どもたち同士の相互作用から獲得される学び自体に，重きがおかれるのである。特別活動における集団での体験活動，子どもたち同士の相互作用のなかから獲得される学びそれ自体が，子どもの社会性やコミュニケーション能力を育成し，さらに，子どもの個性や創造性などの人格形成の重要な資質・能力の育成に，より直接的に深くかかわることができるのである。

ただし，とにかく集団活動をすれば，子どもたちにとって多くの学びが生まれるというわけではない。集団活動の質が大事なのである。

以前の学習指導要領では，特別活動の目標のなかに「望ましい」集団活動を通して，ということが常に明記されていた。集団活動の「望ましい」ことの条件としては，次のような点が了解されていた。

①活動の目標を全員で決め，全員が共通理解をもっていること。

②活動目標達成に向けた方法・手段を全員で話し合い，それを協力して実践すること。

③一人一人が役割を分担し，責任をもって果たそうとすること。

④一人一人の考えが尊重され，心理的な結びつきが強いこと。

⑤子どもたちの間に，所属意識・連帯感があること。

⑥お互いのよさを認められること。

などである。

2017（平成29）年版学習指導要領では，特別活動の目標のなかに「望ましい」という文言はなくなった。だが「互いのよさや可能性を発揮しながら」「多様な他者と協働する集団活動」「自主的，実践的な集団活動」の表記とともに，「集団や社会の形成者としての見方・考え方」の育成が明記されており，集団活動が子どもたちにとって「主体的な学び」「対話的な学び」「深い学び」となることが，強く期待されており，①〜⑥の条件はやはり前提になるのである。

9

第1章 特別活動はどんな学習活動か

　さらに，各学校や各学級にとっての「望ましさ」を含めて，より子どもたちの資質・能力を育成するような集団活動を展開することが必要である。

　そのためには，子ども同士のかかわり合いが建設的なものになるような場の設定や，集団活動の進め方の適切さが不可欠である。配慮しなければならない代表的なものは次の3点である。

（1）集団の状態

　子どもたちに求められる資質・能力の獲得は，学習内容（コンテンツ）・知識の記憶だけでは不十分で，問題が生起している文脈のなかで，さまざまな条件を踏まえ，条件もあわせて記憶され，さらにさまざまな状況のなかで実地にそれらを活用する経験を積んで獲得されるものである。

　それゆえ，個々の子どもの学習の成果には，子ども同士のかかわり合いから生まれる相互作用の質が，大きな影響を与える。さらに，その相互作用の質に最も大きな影響を与えるのは，その場を包む学習集団の状態であり，日本の学校での学習集団は，そのまま学級集団である（第6章参照）。

　相互作用のあり方によって，学習者の深い学びにつながる場合もあれば，浅い学びにとどまる場合もある。さらに，学びとはほど遠いかかわり合いに陥ってしまう場合も少なくない。その学習活動の質に，子どもたち個々の学習活動に，集団の状態が大きく影響するのである。この構造は，「主体的・対話的で深い学び」の視点による授業改善では，とても大きな意味をもってくるといえる。

（2）子ども同士のかかわりの質

　対話を通した学習とは，さまざまな考えや思考パターンをもつ他者と，相互の考えを交流させ，他者の考えを受け入れ参考にし，自分の考えとあわせて新たな考えを創出するなかで，新たな知識の獲得や学習する能力を高めていくような学習である。

　たとえ学級集団の状態が良好でも，そのなかでの活動が次のような展開のされ方では，対話を通した学習とはいいがたいのである。

　学校現場でよく見られるグループ学習として，能力の高い子どもたちが各グループのリーダーとして配置され，その子どもがほかの子どもたちに指示

10

第2節　学習活動としての集団活動の特質

したり正答を教えたりしている場面である。そのときのグループは，ピラミッド構造の固定的な人間関係になっている。仲よく活動できている場合も多いだろうが，これでは子ども同士の建設的な相互作用は生起しにくい。教師が伝えたい教授内容を学級内のすべての子どもたちに徹底できるように，助教のような子どもをリーダーとしたグループを活用して，効率化させているのである（p.71参照）。つまり，このようなグループ学習のなかでの子どもたちの相互作用は，対話とは遠いものになっているのである。

　自らの考えをもち，関係性がフラットで，フランクに協働できるところに対話を通した立体的な学びが生まれてくる。つまり，これから求められる集団活動は，特定の子どもにリーダーが固定されず，すべての子どもが，テーマに従って多様な構成でグループが形成できる，状況に応じてリーダーシップやフォロワーシップを自発的に発揮できる，という柔軟性のある風土が不可欠なのである（河村，2014）。

（3）教師の自律性支援的な指導行動

　(1)と(2)は，子どもたちだけで自然とできるものではない。

　「仲よく活動し合える学級にしなさい」「グループで学習しなさい」と，子どもたちに丸投げしても，教師の期待どおりにできるわけではない。親和的で建設的な学級集団の状態，子ども同士の学びの多い建設的な相互作用，これらを子どもたち自身で形成していけるようになるには，最低限，集団活動の仕方・学び合いの仕方，その基盤となる話合い活動の仕方，みんなで合意形成や意思決定する仕方を子どもたちに習得させることが必要である。

　それも，子どもたちに自律性を基盤とした資質・能力を獲得させることが目的なので，「自ら獲得する」ことができるように支援することが，教師の指導行動として不可欠である。これは，教師がもつ一定の知識を子どもたちに教え込むような，従来の教師の指導行動ではなく，学習者が「自ら獲得する」という流れを通して，自ら学ぶ方法を身につけ，そのような行動を習慣化させていく，この一連のプロセス全体を支援する指導行動が求められる。これを，教師の自律性支援的な指導行動という（詳細は第5章参照）。

　以上の(1)～(3)の達成を前提として，特別活動の深い学びが成立するの

11

第1章　特別活動はどんな学習活動か

である。

第3節　集団活動の学習形態や展開方法

　次に特別活動の集団活動を貫く学習形態や展開方法について解説したい。

（1）話合い活動

　話合いはみんなの意見をまとめる方法論であるが，それだけではない。話合いは学習者の思考を活性化させ，相互作用を生起させ，いろいろな成果をもたらすのである。代表的な話合いのポイントとなる要素を，以下に解説する。教室で行われる話合いは，以下の要素がいくつか組み合わされて展開されるのである。

①新しいアイデアや発想を生み出す

　考えを出し合い，集める話合い。自分では思いつかない考えやアイデアがほかのメンバーから出され，かつそのような考えやアイデアに触発され，ほかのメンバーからさらに新たな考えやアイデアが創造されるなど，個人では気づかぬ多くのアイデアを集めることができ，新しいアイデアを生み出していくことが可能になる。話合いは，単なる個人の総和以上の豊かな発想を生み出し，個々の思考を深めるのである。

　配慮すべき点は，考えや情報をできるだけ多く集め，自由に相互作用させることが大事なので，人の考えやアイデアをバカにしない，批判しない，優劣をつけないなどが，ルールとして共有されなければならない。さらに，ホワイトボードを活用するなど，考えやアイデアを出しやすくする工夫が求められる。

②考えやアイデアを整理する

　考えをまとめ，整理する話合い。①の次の展開である。いままでに出された多くの考えやアイデア，情報を比較検討し，それぞれ似たようなカテゴリーにまとめて整理する。そのようにして生み出されたいくつかのカテゴリーについて，カテゴリー間の異同を明らかにしていくのである。

　配慮すべき点は，似た考えなどが整理しやすいように，書き込みのできる

マグネットに書き，黒板やホワイトボード上で，みんなで考えながら動かして整理できるような，思考が可視化できるような工夫が求められる。ＫＪ法（p.113参照）などを学習させるのもよいだろう。

③共通の結論や認識を得る

結論を出す話合い。②の次の展開である。いくつかのカテゴリーをもとに，目的に合った結論を出すのである。1つのカテゴリーを選択する場合もあれば，いくつかを融合させて結論とする場合もある。また，課題に対して1つの正解を出すような話合いの場合は，正解と間違った解法とを明確にして，どこが間違ったかをはっきりさせ，みんながその間違いから学べるようにすることが必要である。

配慮すべき点は，結論は，特定の人の考えや意見が支持された（ほかの人の考えや意見が否定された）という形だけで終わったら不十分である。結論にはつながらなかった少数意見や間違った解法があったからこそ，話合いのプロセスで多くの学びが生まれた，という点をメンバー全員が理解して活動することが大事である。つまり，話合いのなかで，自分の考えとほかの人の考えとのかかわり（比較，関連づけなど）を通して，自分の考えを変容させたり，間違いに気づき修正したり，発展させたりすることができることが大事で，これが「対話的な学び」の本質なのである。

勝ち負けに近い議論に陥ってしまったら，せっかく到達した結論に基づいてみんなでチームワークよく行動することがむずかしくなってしまう。

ほかに次のような話合いもある。

④ダイアログ

自分の夢や理想について，率直に自己開示し合うような話合いである。結論を求めることに重点をおかず，話合いのプロセスを大切にし，人間的な成長を図ったり，メンバーの心理的交流を図ったりすることを目的とするものである。

⑤情報を伝える

多くのメンバーがもっていない情報を，特定の人が伝達し，質疑応答を受

第1章　特別活動はどんな学習活動か

けながら，その情報をみんなで共有する話合いである。

⑥見返す・確かめる

　習った学習内容をみんなで見返して覚えたり，決まった結論をみんなで確認する話合いである。

　話合い活動のルールは，①でもふれたが，学級内で確実に共有されていることが必要である。話合いのルールが共有されていないなかで，形だけ展開されても，「対話的な学び」とはならないからである。学級内で子どもたちに共有しておきたい話合い活動のルールの例は，コラム（p.114）に示した。

　「対話的な学び」とは，具体的に集団活動を行ううえで，合意形成を図ったり，意思決定をしたりするなかで，他者との意見にふれ，自分の考えを広げたり，課題について多面的・多角的に他者と対話しながら協働できるようになることである。

（2）合意形成

　合意形成（consensus building）とは，多様な利害関係者の意見の一致を図ることである。コンセンサスを得る，ともいう。それぞれの利害関係者の根底にある多様な価値を，議論などを通じて顕在化させ，意思決定において相互の意見の一致を図る過程のことである。

　学級活動の話合い活動における合意形成とは，学級の課題について，個々の子どもが見いだした思いを意見として出し合い，互いの意見の違いや多様な考えがあること，それぞれの意見に意味があることを大切にして，最もよい解決策をみんなで構築していく作業である。つまり，合意形成を図る能力とは，みんなも自分も納得のいくような，よりよい集団決定をすることができる力である。

　合意形成は，従来までの学習指導要領では「集団決定」という形で扱われていた。学級会でさまざまな意見を出し合い，その後，多数決で多くの子どもたちが賛意を示した意見を集団決定とした，このような手法を子どもたちは学んでいたのである。

　また，集団決定する前段階の，意見を発表する能力の育成として，ディベートが活用された。ディベートは，AかBかという対立する立場を想定し，

第3節　集団活動の学習形態や展開方法

相手の欠点を互いに指摘し，自分の立場の有利さや正しさを主張し合うものである。論点を単純に二分化して，それぞれの立場から順序立てて議論を進めるという点で，ゲーム感覚で子どもたちの発表技術を高めることができるのである。

　しかし，合意形成は，単なる多数決で決定するやり方では不十分である。学級内にある少数意見，マイノリティの存在である子どもたちの思いを，多数の前に切り捨てるのではなく，生かし合う，折り合いをつけるという考え方を身につけることが大事なのである。今後ますます必要とされる多様な人々との共生社会で生きていく力，資質・能力として，合意形成を図る能力は重要度の高いものである。

　合意形成を図る力を育てるには，（1）の話合い活動の①②③だけではなく，他者の発言の基底にある思いや利害を考えることができることも求められる。近年は，合意形成に関して「交渉学」（松浦，2010）の知見も注目されている。交渉とは，相手と持続可能な共存のために，みんなの利害調整をすることである。ディベートとは異なるものである。

（3）意思決定

　意思決定（decision making）は，人や団体が特定の目標を達成するために，複数の選択可能な代替的手段のなかから最適なものを選ぶことである。

　新学習指導要領では，キャリア教育の要として特別活動が位置づけられている。キャリア教育とは単なる進路指導や就職指導を受けることではなく，主体的に自分の進路を切り拓きながら生き方を考えていくことである。特別活動におけるキャリア教育の特質は，将来や近未来に向けて，いま何をすべきか意思決定することである。学級活動では，意思決定する力量形成の課題として，自己の生活課題をよりよいものにする行動目標と，将来のあるべき姿を意識した将来設計に関するものがある。いまの生活と将来をつなぐことをより意識させるような，意思決定する体験を繰り返し行うことが，学びの深さにつながっていくのである。

　意思決定に関しては，ケプナーとトリゴーによって研究されたＫＴ法が参考になる。適切な意思決定は次の5つの手順を踏んでいるのである。

15

①何のために，何を決めたいのか，を明確化する。

②何を達成すれば，決定事項が実現するのか，を明確化する。

③目標を実現するための提案を複数設定し，最適案を選択する。

④最適案を実行する際のリスクを予測し，その対策を準備する。

⑤選択した案を実行に移し，当初の目標を達成する。

　(2) の合意形成と同様，意思決定して実践する態度を身につけることは，多様性が求められるこれからの社会のなかで，多様な個性・能力を生かして活躍する自立した人間として，適切な判断（意思決定）をし，社会参画ができる人間を育成することにつながるのである。

(4) 社会参画

　さまざまな集団活動に自主的・実践的に取り組む前提として，特別活動では「集団や社会の形成者としての見方・考え方」を働かせることが明示されている。これは，集団活動に単に「参加」するだけではなく，「参画」することを求めているのである。

　社会参画とは，単に社会の活動に参加するとか協力するといったレベルではなく，企画・計画する段階からかかわることを意味する。社会的事象について，単に「わかった」というレベルではなく，「自分はどうするのか，何をするべきなのか」と考え行動していくことである。「社会参画」は「社会参加」よりも積極的な行為なのである。

　学校教育における社会参画とは，よりよい学級・学校生活づくりなど，集団や社会に参画しさまざまな問題を主体的に解決しようとすることである。

　子どもたち一人一人が社会参画に向かうためには，学級集団のなかに位置づけられていることが必要である。それゆえ，個々の子どもたちが，自分も「みんなから必要とされている」「学級のために役立っている」などの実感がもてるようにする活動の設定と，認め合いの場の設定が求められる。他者から認められたり感謝されたりする経験を通して，学級のなかに自分の居場所があると思えることが大事なのである。そうなったとき，学級集団は単なる所属集団から準拠集団となり，主体的に他者と交流しようという意欲が高まるからである。

第3節　集団活動の学習形態や展開方法

　2007（平成19）年のユニセフの研究所発表によると，日本の子どもは，国際的に見ても自尊感情（self esteem）が低いことが指摘されている。自尊感情とは，自分のあり方を積極的に評価できる感情，自らの価値や存在意義を肯定できる感情などを意味する。自己肯定感や自己存在感，自己効力感などの言葉とほぼ同じ意味合いで使われている。

　このようななかで，2017年版学習指導要領解説の特別活動編では「自己有用感」の必要性が指摘されている。自己有用感とは「自分は人の役に立っている」「～をして喜んでもらえる」など，他者から評価されることによって得られる感情のことである。

　自己有用感は，他者から評価されることによって自信が養われることであり，相手の存在なしには生まれてこない感情である。そして，自尊感情を高めるためには，初めに自己有用感を高めることによって自信をつけさせる方が，より強い自信につながると考えられるのである。

　つまり，集団活動に対して自己有用感を伴った社会参画ができることによって，子どもは，活動内容に，他者との交流に，自分の生き方にとって，心を揺さぶられるような感動を得ることができるのである。

　特別活動における「深い学び」とは，この感動を伴った体験から獲得できるものである。「深い学び」の深さは，学習する子ども一人一人にとっての「意味のある，価値のあること」の深さであることが求められるのである。

特別活動の教育上の特性

第1節 近代に成立した学校教育の中心は教科教育

　19世紀，産業革命が進行して工業社会へ変貌した欧米諸国では，「読み・書き・計算」の一定の教育水準を有した労働者が必要とされた。そこで各国では，そのような労働者を養成するため，貧しい地域も含めたすべての子どもたちに，教育を受けさせる機会を提供しようという動きが生まれた。このような流れが，近代国家における学校教育の成立の萌芽である。

　その際，教育活動にかける経費が安上がりで，効率的により多くの子どもたちに授業を受けさせるシステムが必要とされた。その結果生まれたシステムが，今日の世界各国の学校で見られる，学級集団という制度の原型ともいえるシステムである。

　例えば，イギリスではギャラリー方式（現在の大学の階段教室のような階段上に机が並べられた状態で，数十人の学生が教師の方を向いて授業を受ける形態）の一斉授業形態が試みられた。ここに教師による対面式の一斉授業方式が始まったのである。そのときの学級集団は，教師が一方的に学習内容の説明をし，子どもたちはそれを聴き理解し記憶するという，知識伝達型スタイルの授業が効率よく展開される状態を目指したのである。

　この時代に世界各国で実施された学校教育の中心となっていたのは，社会人として必要な知識を獲得させる「教科教育」であった。

第2節　課外活動の位置づけ

　英米の当初の学校でも，読み・書き・算数を基本とする教科の授業だけが正規のカリキュラム（教育の目的に合わせて教育内容と学習支援を総合的に計画したもの）と見なされていた。したがって，「課外」とは「教科外」を意味し，そのような時間はおおむね放任されていた。そのような状況下で，スポーツや芸術活動などが，子どもたちの自治によって展開されていた。

　しかし，教育研究の進展に伴って，課外活動は自律，協力，自主性，リーダーシップなどの市民性を育てる活動として，その教育的意義が理解されるようになった。さらに，第一次世界大戦後，中等学校への就学者数が増加するなかで，非行防止などのガイダンス上の要請もあり，課外活動への関心は高まっていった。

　そして，課外活動が子どもにとって教育的意義のある体験となる限り，それをカリキュラムに組み込むべきだという考えが生まれ，教師の計画的な指導に基づいて活動内容を組織し，すべての子どもが平等に参加できるような課外活動のカリキュラム化が図られた国もあったのである。

　当時の代表的な教育研究の知見には，課外活動は教科指導から成長する，同時に，課外活動は教科指導を豊かにする，という往還関係を重視していたことが明らかになっている。

第3節　3つのタイプに分けられる世界の学校

　世界のすべての国の学校教育では，教科教育が実施されている。

　しかし，教科教育以外の，学級集団での活動や学校行事，クラブ活動などの特別活動を，学校教育の構成要素とするかしないかには，その国の学校教育に対する考え方が反映されている。

　世界の学校は「教育課程（教科中心か課外活動もあるのかなど）」と「生徒指導体制」の2つの軸で比較的に分析してみると，大きく3つのタイプに

第2章　特別活動の教育上の特性

分類できるとされている（二宮，2006）。

　以下，二宮と学校教育研究所（2006）の文献をもとに整理する。

（1）教科学習中心の学校

　ドイツ，デンマーク，フランスなどのヨーロッパ大陸の国に典型的に見られる学校や，ラテンアメリカの学校である。

　ヨーロッパ大陸においては伝統的に，学校は教科を教える勉強の場であって，クラブ活動を楽しむ場ではなく，また，しつけや生徒指導的ケアリングは家庭や教会の責任と考えられていた。したがって，生徒指導体制はほとんど整備されておらず，教育課程も教科中心で，課外活動（特別活動）も行われていないのである。

（2）「思想」と「労働」重視の学校

　旧社会主義の国々（現在は存在しないソ連や東ドイツなど），キューバや中国の学校である。

　旧社会主義の国々は，ヨーロッパ大陸の伝統に基づく教科中心の教育課程を中心としつつ，その教育課程に社会主義思想・イデオロギー教育を組み込み，同時に労働を重視する「労働科」の時間が特設された編成である。

　さらに，社会主義思想は学校で教えると同時に地域でも教えるという，学校と社会が一体となった体制で，それが生徒指導と同様の作用となっていると考えられる。

（3）教科学習とともに課外活動を積極的に実施する学校

　イギリスやアメリカの学校のほか，オーストラリア，ニュージーランド，カナダなど，かつての英連邦国家であった国の学校である。

　イギリスでは古くから人格教育の観念や紳士教育の思想があり，心も体も健康で教養のある優れた人格を育てるのに重要であるという観点から，課外活動（スポーツ，文化，レクリエーション，社会奉仕などのクラブ活動）が積極的に導入されていた。

　アメリカの学校も課外活動やクラブ活動として，スポーツや文化活動が活発に取り入れられている。フットボール，バスケットボール，チアリーディング，マーチングバンドは有名である。

20

さらに，教科指導に加えて，生徒指導体制も確立され整備されている。ア
メリカでは，生徒指導はガイダンス・アンド・カウンセリングと呼ばれ，教
科・科目の選択履修指導，学業指導，進路・職業ガイダンス，心理相談，教
育相談などからなっている。初期のころは教師がこうした機能を果たしてい
たが，その機能の拡大とともに独立した専門職として扱われるようになり，
ガイダンス・カウンセラーとして学校に配置され，生徒指導をするという体
制がとられている。

日本では，1885（明治18）年に内閣制度が創設され，1889年に大日本帝
国憲法が発布されて，近代国家が確立するとともに，近代学校教育制度も確
立していく。教育制度を推進した初代文部大臣・森有礼は，明治初年よりイ
ギリスとアメリカに外交官として駐在した経験があり，日本の学校教育の考
え方も前項（3）に属する萌芽があったと考えられる。ただし，その傾向が
明確に見られるようになったのは，大正期から昭和初期にかけてである。

第4節　日本の学校教育と学級経営の始まり

（1）「学制」の制定／1872（明治5）年

日本最初の教育法「学制」によって，全国民は小学校に就学すべきものと
された。小学校は下等小学校（4ヵ年）／上等小学校（4ヵ年）から構成さ
れ，それぞれ8等級に分かれていた。各等級の履修期間は半年とされ，期末
の試験に合格した者だけが上位の等級に進級を許される，厳格な能力別学級
編成の学校であった。各等級にはそれぞれ一人の教師が固定して配置され，
教師も能力が高まると上の等級の教師になれるという配置方式であった。

能力が低い者や逸脱する者には落第があり，その評価の行使を教師の勢力
資源として，1学級100人近い子どもたちを統制して授業を行っていたの
である。

（2）第3次小学校令の制定／1900（明治33）年

第3次小学校令によって，国民形成を目指して授業料無償制が実施され，
試験による進級・卒業制度が完全に廃止された。その結果，1902（明治

第2章　特別活動の教育上の特性

35）年の就学率は91.6％（明治23年は48.9％）になり，明治初期の学校の状態が大きく変化した。

ただし，貧困層からの大量就学により子どもの多様化が進み，学級内の無秩序や不適応現象を押さえる方法が求められるようになり，落第以外の手法を講じることが必要になったのである。

その方法として広がったのが，家族的な学級づくりである。子どもたちから信頼されるように，学級を家族に見立て，教師は家庭における父母兄姉のようなあり方で子どもたちを理解し，師弟や級友間の人間関係を好ましいものに構築していくという手法である。

その際，入学時から卒業時まで，一人の教師が一貫して担任し続けるという，「もち上がり」の担任配置がなされるようになった。それまでの等級制における学校では，教師は同じ等級だけを担当していたので，子どもたちは半年か一年で変わっていったのである。

このような家族的な学級づくりを支える「クラスがえなしのもち上がり担任」という教師の配置，同じ学年の子どもだけで編成される学級が一般化したことで，「学級経営」（澤，1912）という用語が登場した。学級経営とは，望ましい人間関係を学級内に形成することを通して，子どもの人格を形成しようとする試みである。これによって，家族的な学級づくりはより体系化され，明治末から昭和初期にかけて教育界で定着していった。

ちなみに，澤は教育の目的として，「学力の向上」「級風の進善」「個性の発揮」としていた。まさに近年の教育課程の基礎をなす考え方が構築されていたのである。

（3）大正時代の学級経営

この当時の小学校教育に大きな影響を与えたのが，千葉師範附属小学校と奈良女子高等師範学校附属小学校の実践であり，そこに，この時期の小学校の学級経営の理想を見ることができる。

手塚岸衛がリードした千葉師範附属小学校の「自由教育」では，子どもの自発性，自律性，公民性などを育成するために，「自律自治」を原則とした「道徳訓練」をうたい，第1学年からすべての学級に，少なくとも毎週1回

実施される「自治会」を置いた。自治会では，自治集会や学芸発表会，展覧会，綴り方批評会，相互忠告（子どもが相互に忠告し反省し合う会），建議（学校生活の改善に関する学校に対する提案），学校奉仕，各級幹部会議などが取り扱われた。

　木下竹次がリードした奈良女子高等師範学校附属小学校では，「社会的自己の建設」を教育目標として，修身を含む教科教育だけでは不十分とし，協同社会化された学校の生活を通して学習が行われることによって，子どもたちの社会的人格の形成が図れるとした。その重要な教育方法として「学級自治会」が置かれ，朝と放課後の時間に自治会活動が行われた。朝の自治会は10分以内であったが，放課後の自治会には時間制限がなかった。自治会で取り上げられるのは，学級の共同生活向上のための諸問題だけではなく，学芸会などの行事に対する学級としての取り組み，学級菜園の作業や社会的奉仕活動についてなど，幅広い共同生活全体が取り上げられた。さらに，いじめ被害を受けている子どもの問題も全体の問題として取り上げられたのである。

　以上から，学級内の子どもたちの自治組織が，学校行事や全校的な児童組織と関連づけられて展開されていたことがうかがえる。子ども個々を大事にするとともに，子どもの協同性を重視する教育観が成立し，「学級会」のような個性が生きる共同活動が組織されて実践されるということが，多くの学校に広がっていったのである。

　教師の指導のもとに，子ども自身が学級をよりよい共同体として形成するために自ら参画して活動することが，人間関係の形成を通した個性の伸長を促し，人格形成につながると考えられたのである。学級会は，子どもたち個々の個性を生かし，「協同和合」の望ましい人間関係で結ばれた学級をつくりだすために，教師たちによって創造された仕組みである。

　つまり，「学級経営」とは，教師が学級における教育活動全体の目標を実現するために行う，総合的な計画立案とその実践の総体である。その際，教師にとっての学級における教育目的は，単に子どもたちの学力の育成だけにとどまらず，教師と子どもたち，子どもたち相互の支持的で良好な人間関係

第2章　特別活動の教育上の特性

を通して，子どもたちの人格形成も目指されているのである。人格形成は学習指導をも含んだ教育活動と捉えられ，学級経営は，学級でのすべての活動を視野に入れたものなのである。

　このような学級経営の考え方は，公的な教育課程に明示されたものではなかったが，明治末から昭和初期にかけて教育界で定着していき，その具体的な活動として，近年の「学級活動」に相当する「学級会」が各学級で展開されていたのである。

第5節　戦後から今日にいたる特別活動の位置づけ

　太平洋戦争敗戦後，日本においては連合国軍最高司令官総司令部（GHQ）の占領政策が始まり，教育に関してはアメリカ教育使節団の指導を受けることになった。そのため，戦後の日本の学校教育は，特にアメリカのシステムがモデルになっていることが多い。

　1947（昭和22）年に日本国憲法が施行され，同年，教育基本法も制定されて，民主主義的教育観が導入された。教育課程の基本的目標と内容は，「学習指導要領」によってその方向性が示されることになった。

　ちなみに，教育課程とは，各学校が学校教育の目的や目標を達成するために，子どもの心身の発達に応じ，教育の内容を授業時数との関連において総合的に組織した学校の教育計画である。そして，学習指導要領とは，文部科学省が告示する初等教育および中等教育における教育課程の基準である。

　1947（昭和22）年から制定された学習指導要領の変遷を概観することを通して，日本の学校教育における「特別活動」の位置づけを考えてみたい。

(1) 1947（昭和22）年版学習指導要領（試案）

　最初の学習指導要領が制定されたときに，今日の「特別活動」の原型となる「自由研究」が設定されていた。

　小学校では4年生以上に，教科で学習したことを有機的に発展させて学ぶ教科としての自由研究が設置された。中学校では選択科目（外国語，習字，職業，自由研究）の1つとして設定された。

24

第5節　戦後から今日にいたる特別活動の位置づけ

そして，1949（昭和24）年の通達で「自由研究」は発展的に解消され，新たに「特別教育活動」が設定された。その内容は，運動，趣味，娯楽，ホームルーム活動，生徒会活動や社会公民的訓練活動を含むものであった。ホームルーム活動は今日の活動とほぼ同様のものが想定されていた。

学習指導要領の第一次改訂である1951（昭和26）年版学習指導要領（試案）では，小学校4年生以上の自由研究が，小学校では「教科以外の活動」，中学校では「特別教育活動」と名称が変更された。

1958（昭和33）年からの20年間は，1955年から1970年の間の高度経済成長期と重なり，スプートニク・ショックからアメリカの科学教育の重点化と能力主義再編成を受け，日本も教育政策上の方向転換がなされた。

(2) 1958（昭和33）年版学習指導要領

小・中・高の学校種別に改訂・実施され，文部省告示として扱われた。

小・中・高のすべての学校を通して，「特別教育活動」という名称が用いられ，「各教科」「道徳」と並んで「特別教育活動」と「学校行事」が教育課程の重要な領域を構成することになった。

「特別教育活動」の目標は，子どもの自発的，自治的な活動を通じて，楽しく規律正しい学校生活を築き，自主的な生活態度や公民としての資質を育てることであり，これは現在の「特別活動」まで継承されている。

「特別教育活動」の内容は，次のようなものであった。

○**小学校**：児童会活動，学級会活動，クラブ活動
○**中学校**：生徒会活動，学級活動，クラブ活動
○**高等学校**：生徒会活動，ホームルーム，クラブ活動

(3) 1968（昭和43）年版学習指導要領（中学校1969年，高等学校1970年）

前回まで「各教科」「道徳」「特別教育活動」「学校行事」が教育課程の構成だったが，「特別教育活動」と「学校行事」が整理・統合されて「特別活動」となった（高等学校では「教科以外の教育活動」に名称変更）。その結果，小・中学校の教育課程の構成は「各教科」「道徳」「特別活動」の3領域になった。

「特別活動」の内容は，次のようなものであった。

第2章　特別活動の教育上の特性

> ○**児童（生徒）活動**：児童（生徒）会活動，学級会活動，クラブ活動（必修）
> ○**学級指導**：教師が計画的に指導する生徒指導（ガイダンス）である。学級会活動は子どもの自主的・自発性を重視する活動であり，それとは異なる。
> ○**学校行事**：儀式，学芸的，保健体育的，遠足的，安全指導的，勤労・生産的な行事である。

　1977（昭和52）年からの30年間は，教育現場では「落ちこぼし」の問題が表面化し，1980年代前半では校内暴力が頻発，その後に不登校の問題が浮上して，教育政策は学問中心から人間中心へ転換された。

（4）1977（昭和52）年版学習指導要領（高等学校は1978年）

　「特別活動」の名称は，小・中・高のすべてで統一的に用いられることになった。

　「特別活動」の内容は，次のようなものであった。

> ○**小・中学校**：児童（生徒）活動，学級指導，学校行事
> ○**高等学校**：ホームルーム活動，生徒会活動，クラブ活動，学校行事

　さらに，この改訂では，「教育課程外の活動」として，教科内容を縮小して，学校裁量の時間として「ゆとりの時間」が設定された。

（5）1989（平成元）年版学習指導要領

　「特別活動」は小・中・高ともに，基本的性格は前回どおりとされた。

> 　「特別活動」の内容は，小・中・高ともに，「学級活動（高等学校ではホームルーム活動）」「児童（生徒）会活動」「クラブ活動」「学校行事」の4領域で構成される。

　「学級活動」は，これまでの学級会活動と学級指導が統合されたものである。小学校では「学級や学校の生活の充実と向上を目指し，児童の自主的活動や，日常生活・学習への適応及び健康・安全の指導を行うもの」であり，中学校ではこれに加えて「将来の生き方や進路選択に関する指導を行う」，高等学校ではさらに加えて，「人間としての生き方・在り方を深める指導を行う」ことが期待された。

　「クラブ活動」については，中学校・高等学校では，「部活動」をもってクラブ活動に代替できるなど，弾力的な運用が可能になった。

　「学校行事」では，儀式行事として国旗を掲揚するとともに，国歌を斉唱するよう指導するものと改められた。

26

(6) 1998（平成10）年版学習指導要領

（学習指導要領の第6次改訂：高等学校は1999年）

「ゆとりの中で生きる力をはぐくむ」という基本方針のもと，学習内容が3割削減され，学校には完全週5日制が実施された。

そして，小・中・高ともに，総合的な学習の時間が設定された。これは，国際化・情報化など社会の大きな変化を踏まえ，子どもが自発的に教科などの枠を越えた横断的・総合的な課題学習を行う時間であり，ゆとり教育と密接な関連性をもっている。なお，「総合的な学習の時間」の内容は示されておらず，年間総授業時数だけが提示された。どのような内容・方法で実践するかは各学校に委ねられており，国際理解，情報，環境，福祉・健康などが例示されている。

「特別活動」は小・中・高ともに，基本的性格は前回から継続されたが，目標に「社会の一員」としてのあり方が加えられ，「生きる力」は他者とともに生きることが強調された。

> 「特別活動」の内容は，小学校は前回と同様4領域での構成であったが，中・高等学校ともに「クラブ活動」が廃止され，「学級活動（高等学校ではHR活動）」「生徒会活動」「学校行事」の3領域で構成された。

ただし，「特別活動」の授業時間数は35〜70時間から，35時間に縮減された。また，学級活動などの指導の工夫として，「ガイダンス機能の充実」が強調された。ガイダンス機能とは，子どもの学校生活や人間関係への適応能力，主体性の確立，主体的に進路の選択・決定のできる態度や能力の育成を図る教育機能である。

2004（平成16）年に国際学力テストであるOECD「生徒の学習到達度調査」（PISA2003）が公表され，日本は読解力において世界8位から14位に低下したことに注目が集まり，しだいに小・中学校の「ゆとり教育」が厳しく批判されるようになった。

(7) 2008（平成20）年版学習指導要領（高等学校は2009年）

脱ゆとり教育とも呼ばれ，「生きる力」を育む教育とし，基礎的な知識や技能の習得と思考力，判断力，表現力の育成が強調された。前指導要領から

開始された「総合的な学習の時間」の総授業時間は大幅に削減され，主要5教科（国語，算数・数学，理科，社会，英語）および保健体育の総授業時間が増加した。小学5，6年生に「外国語活動」の時間が創設された。

「特別活動」の内容は，小・中・高ともに前回と同様の構成であったが，「特別活動」を構成する各活動それぞれに，独自の目標が設定された。

「特別教育活動」の内容は，次のようなものであった。

○**小学校**：「学級活動」「児童会活動」「クラブ活動」「学校行事」
○**中・高等学校**：「学級（高校はホームルーム）活動」「生徒会活動」「学校行事」

戦後の日本の学校教育における課外活動は，「自由研究」⇒「特別教育活動」⇒「特別活動」と名称を変更しつつ，課外活動が学習指導要領のなかに領域として位置づけられてきたのである。

第6節　これからの日本の学校教育における特別活動の特質

(1) 2017（平成29）年版学習指導要領（高等学校は2018年）

グローバル化や情報化が急速に進む社会で生きる子どもたちに必要な資質・能力を育む観点から，「社会に開かれた教育課程」を実現する次期学習指導要領には，次の3点の指針がある。

①学校教育を通して「何ができるようになるのか」という観点から，育成を目指す資質・能力を，「知識・技能」「思考力・判断力・表現力等」「学びに向かう力・人間性等」の3つの柱に即して整理し，それにそって教育課程全体の関係や各教科などの目標や内容が再整理された。

②各学校が，教育課程の編成・実施・評価をして改善を図る一連のPDCAサイクルを確立すること，各教科相互の関連づけや教科横断的な教育内容を編成すること，地域人材・資源の活用を組織的・経営的に実施することを行うカリキュラム・マネジメントを展開することが示された。

③資質・能力は，学習内容を人生や社会のあり方と関連させて深く理解することが必要であり，それを子どもたちに身につけさせるために，「どのように学ぶか」という学びの過程を質的に高める改善を行うこと。そのため

に，習得・活用・探究の学びの過程で「主体的な学び」「対話的な学び」「深い学び」を一体的に実現させる必要性が示された。

　以上，①から③の３点の方針にそって，「特別活動」でも目標や内容の枠組みが示された。①②③における特別活動の注目点は以下のとおりである。
○特別活動の具体的目標が，「知識・技能」「思考力・判断力・表現力等」「学びに向かう力・人間性等」の３つの柱で整理され，「何ができるようになるか」が明確化された。さらに学級活動が，学校教育活動全体で行うキャリア教育の中核的な役割を果たすことが明確にされた。
○各教科で育成される資質・能力のなかで，特に「学びに向かう力・人間性等」の汎用的能力を統括する役割が期待されていることが示された。
○特別活動における見方・考え方から，各活動内容における学びの過程で，資質・能力を育成する学びのあり方が整理された。

　つまり，これからの学習指導要領においては，資質・能力（コンピテンシー）ベースの教育課程改革が行われ，教育課程で示された各領域はより密接に関連づきながら，子どもたちの資質・能力の育成を目指すものになっているのである。

　このような，これからの学校教育で目指される大きな方針と特別活動の教育内容と方法原理は，まさに一致しており，特別活動の重要性が再認識されてきたといえるのである。

特別活動の目標とおもな内容

第1節 特別活動の目標

　特別活動の目標は，小学校，中学校，高等学校すべての校種において同じであり，以下の目標を通して，資質・能力を育成することが求められている。

> 　集団や社会の形成者としての見方・考え方を働かせ，様々な集団活動に自主的，実践的に取り組み，互いのよさや可能性を発揮しながら集団や自己の生活上の課題を解決することを通して，次のとおり資質・能力を育成することを目指す。
> (1) 多様な他者と協動する様々な集団活動の意義や活動を行う上で必要となることについて理解し，行動の仕方を身に付けるようにする。
> (2) 集団や自己の生活，人間関係の課題を見いだし，解決するために話し合い，合意形成を図ったり，意思決定したりすることができるようにする。
> (3) 自主的，実践的な集団活動を通して身に付けたことを生かして，集団や社会における生活及び人間関係をよりよく形成するとともに，自己の生き方についての考えを深め，自己実現を図ろうとする態度を養う。

出典：文部科学省　2017　小・中・高校学習指導要領　特別活動

(1) 特別活動で育成が求められる資質・能力の３つの視点
①人間関係形成
　特別活動の学習過程全体を通して，集団のなかで人間関係を自主的，実践的によくしていこうという視点である。相互の違いを理解し，認め合って，よさを生かし合うような関係づくりが求められる。
②社会参画
　自発的，自治的な活動を通して，個人が学級や学校生活における集団へかかわっていくなかで，諸問題について主体的に解決していこうという視点である。そのことにより，近い将来，地域や社会に参画することや持続可能な

社会の一員となることが期待される。

③自己実現

　現在および将来にかかわる課題などについて考察することを通して，集団のなかで生活の課題を発見し改善していこうとする視点である。そのことにより，自己理解を深めたり，自己のよさ・可能性を生かす力や自己のあり方・生き方を考えて設計する力などが育まれたりすることが期待される。

(2) 特別活動で育成が求められる資質・能力

①特別活動で育成したい「知識・技能」

　前項の①が示す資質・能力である。方法論的な知識・技能の習得だけではなく，人間関係をよりよく築いていくために大切なことや将来の自立した生活と現在の学習の関係，また集団と個の関係などを理解し，実践していくことができるようにする。

②特別活動で育成したい「思考力，判断力，表現力等」

　前項の②が示す資質・能力である。他者との認め合い，生かし合いのなかで合意形成を図って解決策を決めたり，自己のよさや可能性を発揮しながら意思決定して，将来を見すえた自己の生き方を選択したり，形成したりすることができるようにする。

③特別活動で育成したい「学びに向かう力，人間性等」

　前項の③が示す資質・能力である。多様な他者を受け入れてよりよい人間関係づくりを構築しようとしたり，集団の一員として協働して生活をよりよくしようとしたり，自己のあり方や生き方，職業などについて主体的に考え選択しようとしたりする態度を養っていく。

第2節　学級活動・ホームルーム活動の概要

(1) 学級活動・ホームルーム活動の内容と意義

　学級活動は子どもの学校生活において最も身近で，共に生活や学習に取り組む同年齢の子どもで構成される集団である「学級」を基盤とした活動である。学級生活の向上のために，協力したり，個人で努力したりしながら自主

第3章　特別活動の目標とおもな内容

的，実践的に取り組むことが重要である。

　具体的な内容としては，学級目標や個人目標の設定，学級全体での話合い，係活動や当番活動，基本的な生活習慣の改善や振り返り，互いのよさの発見や男女の協力など，人間関係に関する内容など多岐にわたる。

　学級活動において育成が目指される資質・能力は，問題の発見・確認，解決方法の話合い，解決方法の決定，決めたことの実践，振り返りなど，学習過程のなかで育まれるものである。したがって，それぞれの内容の特質を踏まえた学習過程を選択する必要がある。

　内容に合った学習過程による学級全員での活動により，子どもが成就感や達成感を得たり，各々の自己有用感が高まったりすることが期待される。

（2）学級活動・ホームルーム活動に関する留意事項

　特別活動の目標には，「学級での話合いを生かして」「意思決定して実践」という文言がある。話合いや意思決定の過程は大切であるが，それが絵に描いた餅にならないように，その後の「実践」「振り返り」を大切にしたい。

表3－①：学級活動・ホームルーム活動の目標と育成したい資質・能力，内容

目　標	学級・ホームルームや学校での生活をよりよくするための課題を見いだし，解決するために話し合い，合意形成し，役割を分担して協力して実践したり，学級での話合いを生かして自己の課題の解決及び将来の生き方を描くために意思決定して実践することに，自主的，実践的に取り組むことを通して，第1の目標に掲げる資質・能力を育成することを目指す。
育成したい資質・能力	○学級における集団活動に進んで参画することや意識的に健康で安全な生活を送ろうとすることの意義について理解するとともに，そのために必要なことを理解し身に付けるようにする。 ○学級や自己の生活，人間関係をよりよくするための課題を見いだし，解決するために話し合い，合意形成を図ったり，意思決定したりすることができるようにする。 ○学級における集団活動を通して身に付けたことを生かして，人間関係をよりよく形成し，他者と協働して集団や自己の課題を解決するとともに，将来の生き方を描き，その実現に向けて，日常生活の向上を図ろうとする態度を養う。
内　容	①学級・ホームルームや学校における生活づくりへの参画 ②日常の生活や学習への適応と自己の成長及び健康安全 ③一人一人のキャリア形成と自己実現

第3節　児童会活動・生徒会活動の概要

例えば，決めたことに粘り強く取り組んだり，活動を振り返って成果や課題を確認して自分の努力に自信をもったり，次の課題の解決への動機づけを高めたりすることが重要となる。一人一人の子どもが自己決定に対して粘り強く取り組み続けるためには，教師による子ども一人一人への対応が必要となる。

　また，効果的な振り返りになるように，子どもが振り返って気づいたことや考えたことなどを記述して蓄積していくポートフォリオのような教材を活用するなどの工夫が必要である。なお，学級活動の目標と育成したい資質・能力，内容は前ページの表3－①のとおりとなる。

第3節　児童会活動・生徒会活動の概要

（1）児童会・生徒会活動の内容と意義

　児童会・生徒会は全校の子どもたちによって組織され，役員，各種の委員会などの異年齢集団から成立する。児童会・生徒会の活動は，学校生活を楽しく豊かにするために，集団活動や人間関係などの諸問題から課題を見つけだし，その解決に向けて自主的，実践的に取り組む活動である。

　具体的な内容としては，中学校の場合，生徒総会や新入生歓迎会の企画運営，各種委員会活動やボランティア活動，あいさつ運動など多岐にわたる。

　児童会・生徒会活動は，学級という枠を超え，学校や地域といった広い視野で自分たちの生活について考える貴重な体験となり，将来必要となる資質・能力の基盤の育成につながる。自分たちの力で，学校や地域がよりよくなったという実感をもたせるためにも，活動を行って終わりではなく，ＰＤＣＡサイクルを通して，評価や振り返りを行うことが大切である。

（2）児童会・生徒会活動に関する留意事項

　児童会・生徒会活動は教育課程の一つであり，全校の子どもがかかわる活動であるため，その指導についてはすべての教師が携わることになる。具体的には児童会・生徒会活動の指導計画を全教師で作成し，共通理解を図るとともに，職員会議や生徒会・委員会通信などを通して全教師にその活動状況

第3章　特別活動の目標とおもな内容

や成果を伝え，子どもの様子がわかるようにする必要がある。

　また，児童会・生徒会活動は一部の子どもに仕事が偏ったり，活動がマンネリ化したりする可能性がある。そこで教師が，それぞれの活動の目標や活動内容を十分に理解し，子どもたちが主体的な話合い活動や自発的・自治的な諸活動ができるように指導助言したり，それぞれの組織や活動の連携がうまくいくように働きかけたりすることが必要になってくる。

　評価に関しては，子どもの活動が学校生活や地域にプラスの影響を与えていることが実感できるように，子ども自身の振り返りだけではなく，さまざまな教師や地域の方から声がけが得られるような機会を設けるといいだろう。なお，児童会・生徒会活動の目標と育成したい資質・能力，内容は以下の表3－②のとおりとなる。

表3－②：児童会・生徒会活動の目標と育成したい資質・能力，内容

目　標	異年齢の児童生徒同士で協力し，学校生活の充実と向上を図るための諸問題の解決に向けて，計画を立て役割を分担し，協力して運営することに自主的，実践的に取り組むことを通して，第1の目標に掲げる資質・能力を育成することを目指す。
育成したい資質・能力	○異年齢により構成される自治的組織における活動の意義について理解するとともに，その活動のために必要なことを理解し行動の仕方を身に付けるようにする。 ○学校生活の充実と向上を図るための課題を見いだし，解決のために話し合い，合意形成を図ったり，意思決定したり，人間関係をよりよく形成したりすることができるようにする。 ○自治的な集団における活動を通して身に付けたことを生かして，多様な他者と互いのよさを生かして協働し，よりよい学校生活をつくろうとする態度を養う。
内　容	①児童会・生徒会の組織づくりと活動の計画や運営 ②異年齢集団による交流 ③児童生徒の諸活動についての連絡調整 ④学校行事への協力 ⑤ボランティア活動等の社会参加 ※③と⑤は中学校で特有の活動となる。

第4節　クラブ活動の概要

（1）クラブ活動の内容と意義

　クラブ活動は，異年齢集団による自発的，自治的な活動を通じて共通の興味・関心を追求する活動であることを踏まえ，個々の子どものよさを生かし協力してクラブ活動が運営できる組織を主体的につくれるようにすることが重要である。具体的には，クラブの成員が目標の実現に向け，思いや願いを話し合って意見をまとめたり，活動を進めるために必要な組織や役割を話し合って設置したりしながら，自分たちで活動計画を立てることにより，全員が見通しをもってスムーズに活動に取り組めるようにする。

（2）クラブ活動に関する留意事項

　子どもの希望を生かしたクラブ活動にするため，子どもの希望を第一に，学校の教師の数，設備などを考慮し，自発的，自治的な活動の範囲で行えるクラブを設置する。人数調整や所属クラブの決定の際には，子どもの希望を尊重しながら，異年齢集団による活動が効果的に行われるよう配慮することも必要である。子どもがクラブ活動を楽しめるようにするには，学年や学級の枠を超えて仲よく協力し，信頼し合えるようにしたり，活動記録を書かせるなどして，学期初めにめあてを決め，活動を振り返り，次に生かせる工夫をしたりすることが大切である。そうすることで，子どもは，自分たちが計画したことを実現できる満足感や学級，学年が異なる仲間と協力して活動を進められた喜びを実感することができる。

　クラブ活動の内容や成果を互いに見合うことは，子どもの活動意欲を高めることにつながる。クラブ発表の場を年間行事に位置づけておき，教師は，子どもが発表に向けて計画的に準備を進めたり，運営したりできるように支援することが大切である。なお，クラブ活動の目標と育成したい資質・能力，内容は次ページの表3−③のとおりとなる。

第3章　特別活動の目標とおもな内容

表3-③：クラブ活動の目標と育成したい資質・能力，内容

目　標	異年齢の児童同士で協力し，共通の興味・関心を追求する集団活動の計画を立てて運営することに自主的,実践的に取り組むことを通して，第1の目標に掲げる資質・能力を育成することを目指す。
育成したい資質・能力	○同好の仲間で行う集団活動を通して興味・関心を追求することのよさや意義について理解するとともに，活動に必要なことを理解し行動の仕方を身に付けるようにする。 ○共通の興味・関心を追求する活動を楽しく豊かにするための課題を見いだし，解決するために話し合い，合意形成を図ったり，意思決定したり，人間関係をよりよく形成したりすることができるようにする。 ○クラブ活動を通して身に付けたことを生かして，協力して目標を達成しようとしたり，現在や未来の生活に自分のよさや可能性を生かそうとしたりする態度を養う。
内　容	①クラブの組織づくりとクラブ活動の計画や運営 ②クラブを楽しむ活動 ③クラブの成果の発表

第5節　学校行事の概要

（1）学校行事の内容と意義

　学校行事はおもに，儀式的行事，文化的行事，健康安全・体育的行事，遠足・集団宿泊的行事，勤労生産・奉仕的行事の5つに分類され，どの学年においても経験できるよう計画されている。

　学校行事は，各教科および総合的な学習の時間など，日常的な学びを総合した活動であり，地域や自然とのかかわり，文化や人とのふれあいなどの体験的な活動を展開していく。その活動を通じて，子どもたちは個と集団を共に生かす考え方や方法を学び，自主性・協調性を身につけていく。また，学級だけでは体験できない異年齢集団の交流を通じて，社会性を促すことを目指している。学校行事の充実により，学校生活や子どもの心を豊かにすることができる。

（2）学校行事に関する留意事項

　学校行事では，各学校の伝統や文化を生かしたり，地域の資源を取り入れたりして活動を展開していく。そうした各学校の創意工夫が特色ある学校づ

くりにつながっていく。特色ある学校づくりにつながる学校行事を展開していくためには，前年度と同じ流れを踏襲して滞りなく実施することや見栄えをよくすることばかりを求めることは避けるべきである。育てたい子ども像を学校行事のねらいとして明確に示し，全教職員が共通理解を図って取り組むことが大切である。

　学校行事の種類によっては，子どもの意見や希望を計画に反映させ，自主的な活動ができるようにする。特に，児童会・生徒会活動との連携を密にして，学校行事の運営に子どもたちが自主的にかかわれるようにする。そうすることで，活動意欲が高まり，自主性や協調性の育成につながる。

　学校行事には，学級の仲間以外のさまざまな人とかかわる機会がある。異年齢の子どもたちが協力したり支え合ったりするなかで，社会性を身につけていく貴重な場である。そのため，特別支援教育との関連を意識した学校行事を意図的・計画的に実施していくことにも配慮していく。なお，学校行事の目標と育成したい資質・能力，内容は以下のとおりとなる

表３－④：学校行事の目標と育成したい資質・能力，内容

目　標	全校又は学年の児童生徒で協力し，よりよい学校生活を築くための体験的な活動を通して，集団への所属感や連帯感を深め，公共の精神を養いながら，第１の目標に掲げる資質・能力を育成することを目指す。
育成したい資質・能力	○全校または学年などの児童生徒でが協力して取り組む各学校行事の意義について理解するとともに，各学校行事に必要なことを理解し，それぞれの学校行事のねらいや内容に即した行動の仕方や習慣を身に付けるようにする。 ○学校行事を通して学校生活の充実を図り，人間関係をよりよく形成するための目標を設定したり，課題を見いだしたりして，大きな集団による集団活動や体験的な活動に協力して取り組むことができるようにする。 ○学校行事を通して身に付けたことを生かして，集団や社会の形成者としての自覚をもって多様な他者と尊重し合いながら協働し，公共の精神を養い，よりよい生活をつくろうとする態度を養う。
内　容	①儀式的行事 ②文化的行事 ③健康安全・体育的行事 ④遠足（旅行）・集団宿泊的行事　※遠足…小学校　旅行…中学校 ⑤勤労生産・奉仕的行事

第3章　特別活動の目標とおもな内容

第6節　国歌・国旗の取り扱い

　国歌・国旗の取り扱いについて学習指導要領第5章第3の3では，次のように示している。

> 入学式や卒業式などにおいては，その意義を踏まえ，国旗を掲揚するとともに，国歌を斉唱するよう指導するものとする。

　学習指導要領では1958（昭和43）年の改訂において，儀式での国旗掲揚・君が代斉唱が望ましいものとされ，1989（平成元）年の改訂において国旗掲揚・国歌斉唱は指導するものに変わった。また，1999（平成11）年には「国旗及び国歌に関する法律」が成立しており，当時の総理大臣は「君が代とは，日本国民の総意に基づき，天皇を日本国及び日本国民統合の象徴とする我が国のことであり，君が代の歌詞も，そうした我が国の末永い繁栄と平和を祈念したものと解することが適当である」と述べている。

　現在，さまざまな分野で国際化が進み，海外の人との交流が増えている。そのような国際社会のなかで尊敬・信頼され，世界で活躍できる日本人を育成することが求められている。教育の目的は，人格の完成と，国家や社会の形成者の育成にあり，学校においても子ども一人一人に日本および国民統合の象徴である国旗と国歌の意義を理解させ，これを尊重する態度を育てるとともに，諸外国の国旗と国歌も同様に尊重する態度を育てることは大切な教育活動である。特に学校行事における入学式や卒業式は，学校生活における重要な節目であり，厳粛かつ清新な雰囲気のなかで学校，国家などの集団への帰属意識を高める意味で貴重な教育の機会となっている。

　一方，この国旗・国歌については歴史的経緯のなかで戦争や政治体制と結びついたと捉えられたり，国民のなかでも合意形成が不十分なところもある。しかし，学習指導要領において，国旗掲揚・国歌斉唱が求められ，最高裁判決においても国歌斉唱などに関する職務命令等が合法であることが認められており，国旗掲揚・国歌斉唱を適切に実施することは教師の責務となっている。

特別活動の教育課程上の位置づけ

第1節　教育活動全体における意義

(1) 人間形成の場としての特別活動

　特別活動は，全教育活動を通して行われる人間形成の統合的な時間として教育課程に位置づけられてきた。そこで特別活動は，学級活動や児童会・生徒会活動，クラブ活動，学校行事を通した集団活動を体験していくなかで，人間形成力や社会参画に資する力を育むことを目指す貴重な実践的な活動の場となっている。

　また，2017（平成29）年告示の学習指導要領の総則において，特別活動が学校教育全体を通して行うキャリア教育の要となることが示されており，教育活動全体における特別活動の重要度がより高まっているといえよう。

(2)「集団活動」と「実践的な活動」としての特別活動

　特別活動において子どもの資質・能力を育成するうえで重要になってくるのは，「集団活動」と「実践的な活動」である。

　「集団活動」として，学校には学級や学年，児童会・生徒会などさまざまな集団での活動がある。それらの集団には活動目標があり，その目標を達成するためによりよい人間関係を築きながら，協力して取り組んでいくことで，集団活動の意義を理解し，行動の仕方を身につけていく。

　また，「実践的な活動」とは，子どもが学校や学級生活の充実・向上を目指して，自分たちの力で自主的に諸問題の解決に向けて具体的な活動を実践することを意味している。特別活動は「なすことによって学ぶ」といわれる

第4章　特別活動の教育課程上の位置づけ

ように，子どもによる自主的，実践的な活動を前提とし，その活動を通して多くのことを学ぶのであり，教師はその実践を助長する支援・指導が求められている。

　特別活動における「集団活動」「実践的な活動」によって育成された資質・能力は，学級集団の質の高まりだけではなく，各教科の学習やさまざまな活動を高めることにつながる。また，各教科等で育成された資質・能力は特別活動における「集団活動」「実践的な活動」のなかで活用することにより，総合的で汎用的な力に変わり，実生活で活用可能なものになっていく。

第2節　各教科および外国語活動との関連

　学習指導要領「第3　指導計画の作成と内容の取扱い」には，「各教科，道徳科，外国語活動，総合的な学習の時間などの指導との関連を図り，児童による自主的，実践的な活動が助長されるようにすること」とある。特別活動の目標を達成し，ひいては各学校の教育目標をよりよく実現するために，ほかの教育活動との関連を十分に図って特別活動の全体計画や各活動・学校行事の年間指導計画を作成し，指導することが大切である。

（1）各教科と特別活動

　特別活動は，「人間形成を実践的に統合する全人教育としての役割」をもっている。そのため，「各教科や道徳等で身に付けた力を，実際の生活において生きて働く汎用的な力とするための人間形成の場として，教育課程上の重要な役割」を担っている。

　例えば，学級活動であれば，各教科等で身につけた「情報活用能力」「問題発見能力」を用いて，学級を豊かにするための課題を発見する。そして，「言語能力」「問題解決能力」を用いて，話合い活動を行い，学級を豊かにするための活動や方法を考え，合意形成をして，みんなで実践する。この活動を通じて各教科等で身につけた資質・能力を，さまざまな社会生活や集団に参画し，生活や集団をよりよくする汎用的な力に統合・深化・拡充することが期待されている。

40

（2）外国語科および外国語活動と特別活動

　外国語教育では従来より，文法や単語など「知識・技能」の習得が強調されてきた。2017年版の学習指導要領においては，「思考力・判断力・表現力等」が重視されている。覚えた「知識・技能」を使って思考し，判断し，言葉を使って表現するコミュニケーション能力の育成が重視されているのである。

　特別活動では，意見の異なる人と折り合いをつけたり，他者と議論して集団としての意見をまとめたりする話合い活動や，体験したことや調べたことをまとめたり発表し合ったりする活動が多様に展開されることから，言語力の育成や活用の場として重要な役割を果たしている。

　特別活動が，自治的能力や積極的に社会に参画する力を重視し，学級や学校の課題をよりよく解決するために話し合って合意形成することを重視していることを踏まえ，両者の特質を生かして，結果として友達とのかかわりを大切にした体験的なコミュニケーション活動をいっそう効果的に展開できるようにする必要がある。

　グローバル化が進む世界で，今後子どもたちは多様な文化や価値観をもった人々と出会うことになる。外国語学習を通じて，言語やその背景にある文化の多様性を尊重し，グローバルな視点をもって社会や世界にかかわろうとする態度を養うことが大切である。これは，特別活動の「よりよい集団生活の構築や社会への参画」につながるものであり，外国語学習においては，キャリア教育の中核的な役割を担う特別活動との関連を十分に意識しながら，教材や題材を選定する必要がある。

第3節　道徳教育・道徳科との関連

　特別活動は，集団のなかで実践的，自主的な活動を行うことで子どもたち一人一人の豊かな人間形成を図ることを目的としている。また，道徳教育は日常生活で起こるさまざまな問題や課題と向き合うことで，道徳性の諸様相（道徳的判断力，道徳的心情，道徳的実践意欲と態度）を育成することをねらいとしている。さらに，道徳科の授業では道徳教育の要として，おもに教

材を活用して，道徳的諸価値の理解をもとに，自己を見つめ，物事を広い視野から多面的・多角的に考え，自己の生き方について考える学習を通して道徳性の諸様相を育成する。

このように，特別活動と道徳教育・道徳科は相補的に展開されながら，子どもの人格形成に統合的に寄与していくのである。例えば，「よりよい人間関係」について特別活動で取り扱う場合は，人間関係にかかわる現実的な問題をどのように解決していくかといった実践に力点がおかれるが，道徳教育・道徳科の場合は，なぜよりよい人間関係を築くのか，よりよい人間関係が大切だとわかっていてもできないのはなぜかといった道徳的価値を深め，自分自身の生き方についての考えを深めることに力点がおかれる。

おもな活動を例にとると，学級活動は，自主的・自治的な活動を通して望ましい人間関係の育成や集団に対する参画意識の醸成，さらにはよりよい生活態度の育成などにかかわり，子どもたちの道徳性の育成に大きく影響を与える場となる。

児童会・生徒会活動は，異年齢の子どもたちが協力して課題を解決していことで，よりよい人間関係の形成やよりよい生活づくりに参画する態度などにかかわる道徳性を養うことができる。

クラブ活動は，年齢の違いを超えた同じ興味や関心をもった子どもたちの活動を通して，個性の伸長やよりよいクラブ活動づくりに参画する態度などにかかわる道徳性を養うことができる。

学校行事では，運動会や卒業式，文化的行事のほか，自然のなかでの集団宿泊活動やボランティア活動など，おもに非日常的な生活体験を通して，よりよい人間関係の形成や自律的態度，心身の健康，公徳心，勤労などにかかわる道徳性を養うことができる。

以上のように，特別活動はほかの領域に比べてさまざまな人間関係を体験することで道徳的価値ついて考えるきっかけが得られ，それらを道徳科の授業で取り上げることで，道徳性についてより身近なものとして考える機会にすることができる。また，道徳科で学んだ道徳的価値の理解やそれに基づいた自己の生き方についての考えを，特別活動の実践的な活動を通してさらに

考えを深めたり，身につけたりすることができる。

第4節　総合的な学習の時間との関連

　総合的な学習の時間は，探究的な見方・考え方を働かせ，横断的・総合的な学習を行うことを通して，よりよく課題を解決し，自己の生き方を考えていくための資質・能力を育成することを目的としている。

　これに対して特別活動は，集団や社会の形成者としての見方・考え方を働かせ，さまざまな集団活動に自律的，実践的に取り組み，互いのよさや可能性を発揮しながら集団や自己の生活上の課題を解決することを通して，「人間関係形成」「社会参画」「自己実現」の3つの資質・能力を育成することを目指すとしている。

　総合的な学習の時間で例示されている学習内容である「福祉・健康」の領域は，特別活動の学校行事における「健康安全・体育的行事」で扱われる内容に対応している。ボランティア活動などの具体的な体験活動を重視していることも重なっている。特別活動の「文化的行事」の「平素の学習活動の成果を発表し，自己の向上の意欲を一層高めたり」というところは，総合的な学習の時間のねらいの「自己の生き方を考えていく」ということと関連している。また，各学校が創意工夫を生かした教育内容を展開するという点でも両者の共通点が見られる。

　また，協働学習，話合い活動，表現活動を通して実践すること，家庭や地域との連携・協力を必要とする場面が多いという共通点もある。総合的な学習の時間では，グループ学習や異年齢集団による学習などの多様な学習形態，地域の人の協力を得るなどの指導体制を工夫することが大切である。この集団での学びは，さまざまな集団活動を通して展開される特別活動とつながる。特別活動を通して培われた自主的・実践的な態度は，総合的な学習の時間においても，十分に発揮されることが期待される。

　さらに，上記で述べた共通点のほかにもう一つ大切な視点がある。それは，地域社会という視点である。両者は地域とのかかわりを重視している点でも

43

第4章　特別活動の教育課程上の位置づけ

共通しているといえる。地域には多くの教育資源が存在し，それを積極的に活用していけば，活動の活性化を図ることができる。地域の実態や特性を考慮して，地域の教育力の活用を工夫することが大切である。教師は，地域の教育資源に常に関心をもち，学校と地域社会を結ぶコーディネーターの役割も担っていくことが必要である。

　特別活動と総合的な学習の時間は，相互に関連し合い，それぞれの活動を深めていく関係にある。さまざまな集団活動に自主的・実践的に取り組み，実社会で生きて働く資質・能力の育成をねらう特別活動と，子どもが自らの課題解決や探究活動を通して自己のあり方・生き方を考える総合的な学習の時間とは，相互に関連させ，充実・発展を図ることが望ましい。

第5節　学級経営との関連

　河村 (2010) によると，「学級経営」とは学級集団の育成，学習指導，生徒指導や進路指導，教育相談など，学級の形成・維持と，学級の子どもたちに関するすべての指導・援助の総称としている。学級は多様な個性をもつ子どもたちの集まりであることを前提に，教師は面接・観察などを行い，また定期的な調査法なども加えながら，子どもたち一人一人を総合的に捉え，子どもの理解を進めていく必要がある。それを踏まえたリーダーシップのとり方や指導・援助を行っていくことが，教師と子どもの信頼関係につながる。

　子ども同士の信頼関係についても短い時間で形成されるものではない。河村 (2012) は「理想の学級集団の条件」を以下のように示している。

必要条件
Ⅰ　集団内に，規律，共有された行動様式がある［ルールの確立］
Ⅱ　集団内に，児童生徒同士の良好な人間関係，役割交流だけではなく感情交流も含まれた内面的なかかわりを含む親和的な人間関係がある［リレーションの確立］

十分条件
Ⅲ　一人一人の児童生徒に，学習や学級活動に意欲的に取り組もうとする意欲と行動する習慣があり，同時に，児童生徒同士で学び合う姿勢と行動する習慣がある
Ⅳ　集団内に，児童生徒のなかから自主的に活動しようとする意欲，行動するためのシステムがある

どのような学級経営をするにしても，Ⅰ（ルール）とⅡ（リレーション）の状態を同時に確立させる必要があると提唱している。また年度当初は緊張もあってバラバラで，2～3人の関係性しか築けなかった子どもたちも，ⅠとⅡが統合されて確立し，Ⅲ，Ⅳを満たしながら学級全体でさまざまな取り組みを達成していく経験を積み重ねていくなかで，学級集団は理想（自治的集団）に近づいていくとしている。

学級活動における児童（生徒）の「自発的，自治的な活動」とは，例えば「話合い活動」「係活動」「学級集会活動」を，子どもたちが自発的，自治的に行っていくということである。教師はこれらの活動を各学年の発達段階や経験だけではなく，学級集団の発達に合わせて，子どもたちにどこまで自治的に行わせることができるかを検討しながら意図的・計画的に指導する必要がある。自分たちのよりよい人間関係づくりや生活づくりについて，主体的に話し合い，決まったことを実践し，それを振り返っていく過程のなかで，子ども相互の信頼関係が育まれていく。そしてこのような自発的，自治的な活動の積み重ねにより「自治的集団」が形成され，学級経営と学級活動の相乗的な効果が期待されるのである。

第6節　生徒指導（ガイダンス・カウンセリング）との関連

ガイダンスとカウンセリングの充実は，学習指導要領第1章総則の第4の1の(1)で，「主に集団の場面で必要な指導や援助を行うガイダンスと，個々の児童生徒の多様な実態を踏まえ，一人一人が抱える課題に個別に対応した指導を行うカウンセリングの双方により，児童生徒の発達を支援すること」と示された。

(1) ガイダンス

ガイダンスはおもに集団の場面で行われる案内や説明であり，子どもたち一人一人の可能性を最大限に発揮できるような指導・援助のことである。

特別活動のなかで展開されるガイダンスの例として，学級活動で行う話合いの進め方の指導があげられる。「学級会の司会や書記の仕方」「議題とその提案理由の大切さ」「合意形成の方法」「振り返りの方法」などが考えられる。

第4章　特別活動の教育課程上の位置づけ

これらは子どもが自発的・自治的な活動ができるようになるための，特別活動における学級全体への指導である。子どもたちの発達段階や学級集団の発達の状況を考慮しながら意図的・計画的に進めたい。

(2) カウンセリング

　学校におけるカウンセリングは，学校生活や人間関係に関する悩みや迷いについて受けとめ，適切な情報提供によって自己洞察を促し，子どもが自分自身の意思と責任で選択したり，決定したりできるような助言などを個別に行っていく指導・援助である。

　また，特別活動のなかで展開されるカウンセリングの例として，学級活動の過程における指導・援助があげられる。例えば，自分の今後の生活や学習，当番や委員会などについて意思決定を行い，個人目標を立てたとして，その後それに向かって上手に取り組めるかどうかは一人一人異なる。目標に向かって努力できない子ども，目標を下げる必要がある子どもやその逆も考えられる。このようなとき，子ども一人一人の課題解決のために，教師は個別の指導を適切に行うことが大切である。つまり，ガイダンスとカウンセリングは，学級全体や個々の子どもの課題解決のための指導・援助の両輪となる。特別活動のどの場面の内容でも，両方の趣旨を踏まえて指導を行うことが求められる。

第7節　キャリア教育との関連

　特別活動とキャリア教育の関連として，学習指導要領第1章総則の第4の1の(3)では，「児童生徒が，学ぶことと自己の将来とのつながりを見通しながら，社会的・職業的自立に向けて必要な基盤となる資質・能力を身に付けていくことができるよう，特別活動を要としつつ各教科等の特質に応じて，キャリア教育の充実を図る」と示された。キャリア教育は，教育活動全体のなかで，基礎的・汎用的能力を育むものであるが，今後，それを効果的に展開していくために小・中・高等学校のつながりを踏まえながら，特別活動を中核として進めていくことが新たに指摘されたのである。

46

特別活動で教師に求められる力量

第1節 特別活動における教師の指導力のあり方と実際

　学校教育の成立時からしばらく学校教育の中心となっていたのは、社会人として必要な知識を獲得させる「教科教育」であり、教科教育は教師が一方的に学習内容を説明し、子どもたちはそれを聴き理解し記憶するという知識伝達型スタイルで展開されてきた。そして、一人の教師が効率的に多くの子どもたちに授業を行う方法として、子どもたちが教師の方を向いて授業を受ける一斉授業形態がとられてきたのである。

　それに対して特別活動は、もともと「教科外（課外）」の活動であり、スポーツや芸術活動などが子どもの自治によって展開されていた。教育研究の進展に伴って、自律、協力、自主性、リーダーシップなどの市民性を教育する活動としてその教育的意義が認知され、カリキュラム化が図られたという歴史がある。したがって、特別活動の指導は、子どもたちの主体性を尊重するべきものであり、教師の指導行動として、知識伝達型スタイルはなじまないものである。

　さらに、社会的な要因もある。

　近年、少子化や都市化の問題は一般化し、子どもたちが集団での遊びを通して、自主性や社会性、協力的態度などを獲得する機会が失われており、特別活動に期待される比重はますます高まっている。

　また、グローバル化や情報化が急速に進む変化の大きな社会において、教科教育の指導のあり方自体にも変化が求められてきた。2012（平成24）年

第5章　特別活動で教師に求められる力量

の中央教育審議会答申は大学教育について，授業者が一方的に講義を行い，学習者はそれを聴き理解し記憶するという知識伝達型の授業スタイルを改善し，グループ・ディスカッション，ディベート，グループ・ワークなどを取り入れて学習者の主体的な参加を促し，協同活動のなかで学習者の思考を活性化させていく，学習者のよりアクティブな学びを促す必要性を指摘している。この流れが小・中・高等学校でも，学習者主体の授業の展開として求められてきた。つまり，教科教育の指導のあり方も，「教える」から「学びを促す」へのパラダイム転換が求められてきたのである。

　学習指導要領では，変化の大きな現代社会のなかで生きる力として必要な資質・能力を，「主体的な学び」「対話的な学び」「深い学び」のある学習活動を通して獲得していく必要性が強調されている。そのような学習活動を旨としていた特別活動は，その重要性が再認識されてきたのである。

　しかし，学校現場では従来から，特別活動の指導方法に関して問題が指摘されている。

　学校教育の大部分を占める教科教育を知識伝達型スタイルで指導してきた教師は，特別活動でも知識伝達型スタイルの指導行動をとりがちなことが指摘されている。例えば，教師が笛を吹いて子どもたちを動かす運動会，形式どおりに動くことに捉われ過ぎている儀式的行事，一見，子どもたちが主体的にやっているように見えるが，教師が後ろで糸を引いている学級活動，などである。教師が，子どもたちを管理，操作して活動させているという図式である。この場合，子どもたちは，主体的にやっているかのように，教師に動かされているのである。

　次節からは，「主体的で対話的な深い学び」を実現するために，特別活動で求められる教師の指導行動のあり方について，確認していきたい。

第2節　子どもが「自ら獲得できるように支援する」指導行動とは

　特別活動は，集団での体験活動，子どもたち同士の相互作用のなかから獲得される学びが，子ども個々の資質・能力の育成に直接的に寄与するものに

なるように指導することが必要である。子どもたちに育成したいのは，自律性や自主性，社会性や責任感と協力的態度，実践的能力などである。

　教師は，親和的で建設的な状態の学級集団の形成，子ども同士の建設的な相互作用の形成を通した学びの獲得を，子どもたち自身が進めていくことを促す指導行動をとることが求められるのである。

　教師がもつ一定の知識を子どもたちに教え込むような知識伝達型スタイルの指導行動ではなく，学習者が自ら学ぶ方法を身につけ，そのような行動を習慣化させていく，この一連のプロセス全体を支援する指導行動である。これを，教師の「自律性支援的な指導行動」という。

　知識伝達型スタイルの指導行動と自律性支援的な指導行動について，その異同を以下に解説する（河村，2017）。

（1）知識伝達型スタイルの指導行動

　教師のこのような指導行動は，「近代工業化社会の学習観」に基づくもので，子どもたちが「一定の知識」を教師の指示に従って理解し身につける学習に相応した学級集団づくりと授業づくりによく見られるものである。教師主導型の指導行動，管理志向型の指導行動，指導優位型の指導行動とほぼ同義である。指導行動の背景に「統制」の意識がある。

　なお，統制（control）とは，教師が示す特定の行動をとるように，子どもたちにプレッシャー（やらないと叱責する・成績を下げるなど）を与え，行動を強いることである。

　統制的な指導行動の特徴は，次のように整理される。

---

①教師が主導して設定した活動のルールにそって，子どもたちの行動を統制しようとする。
②教師の指導したい内容や伝達したい知識を，効率よくすべての子どもたちに定着させるために，一方的な説明が多くなる。
③グループ活動をさせる場合も，教師の指導したい内容や伝達したい知識を効率よくすべての子どもたちに定着させるために，グループを利用する（学級の子どもたちを小分けのグループにした後，グループ内で，できる子どもをリーダーにして，できない子どもたちに教えさせる）。
④子どもたちに思考させるよりも，教師が伝えたい知識を記憶させることに重点がおかれている。

　このような統制的な指導行動は，教室すべての子どもたちに一定の知識を

第5章　特別活動で教師に求められる力量

獲得させることを目指したものであるが，子どもたち個々の思考活動や子ど
もたち同士の思考の相互作用などが十分に活性化されにくい面がある。その
結果として，学習活動を始めとして，さまざまな活動面で，子どもたちの主
体性と協同性が育成されにくくなってしまうのである。

(2) 自律性支援的な指導行動

　自律性支援とは，学習者の視点に立ち，学習者自身の選択や自発性を促す
ことである。

> ○望ましい結果を効果的に達成する見通しと方法について，教師が学習者に明瞭で
> 　十分な量の情報を与える。
> ○そのうえで，学習者自身で行動を決定する自由度を保障してあげる。

　以上の2点が骨子である。
　子どもたちの自律性支援を志向する教師の授業中の行動として，次のよう
な特徴があると整理されている (Reeve.J, 2006)。

> ①授業中に子どもたちの発言をじっくり聞く。
> 　(聞くことに費やす時間が多い)
> ②子どもたちがしたいと思っていることを，しっかりと尋ねる。
> 　(教師の意図を押しつけることが少ない)
> ③子どもたちが自分のやり方で取り組む時間を十分設ける。
> ④子どもたちに学習内容について発言を促し，話させる時間が多い。
> ⑤教材が見やすいように，子どもたちの座席をうまく配置する。
> ⑥教師が指示をするときは，なぜその指示をすることが必要なのか，理由を説明す
> 　る。
> ⑦子どもたちの取り組みの改善や熟達について，肯定的で効果的なフィードバック
> 　を伝えることが多い。
> ⑧子どもたちの取り組みを後押しし，支え，励ます発言が多い。
> ⑨子どもたちがつまずいたときにどうすればよいか，ヒントを与えることが多い。
> ⑩子どもたちが発した質問やコメント，提案に対して応答的に対応する。
> ⑪子どもたちの視点や経験を認める共感的な発言が多い。

　以上のような教師の自律性支援が，子どもたちの動機づけを促進する。
　つまり，学習課題に対する興味や楽しさといった内発的動機づけを向上さ
せるのである。内発的動機づけ (intrinsic motivation) がなされている状
態とは，活動それ自体を目的として，興味や楽しさなどのポジティブな感情
から動機づけられている状態であり，内発的動機づけは行動の開始，維持に

50

第2節　子どもが「自ら獲得できるように支援する」指導行動とは

おいて外的要因を必要としないという点で，自律的な動機づけと言える。

「親や先生が言うから」「だれかが言うので仕方なく」など，指示や強制という外からの働きかけに基づく外発的で他律的な動機ではなく，「新しいことを知りたいから」「興味があるから」など，学習内容への興味や関心に基づく内発的で自律的な動機で取り組むことは，自主性や自発性を大事にする特別活動では必要なものである。

さらに，統制されることがなく，成績や順位を強調されることが少ないことも，他者からの評価を気にすることが少なく，積極的に級友や仲間とかかわることができるために必要なものである。

教師には職務の役割上，日々のかかわりのなかで，子どもたちを評価する場面があり，それゆえ，教師側に強い意図がなくとも，子どもたちは教師に日常的に統制されているという感情を抱きやすい。このような子どもたちの感情を払拭することを意図して，教師が自らの指導行動のなかにユーモアを取り入れる取り組みが注目されている。ユーモアの使用は，コミュニケーションの創造的方法として，教師と子どもたち双方の認識能力を向上させることが指摘されている（Nasiri & Mafakheri, 2015）。また，教師のユーモア表出が，クラスの生産性と子どもたちの学習を促す共同作業を向上させることも指摘されている（Korobkin. D, 1988）。

このような教師の自律性支援的な指導行動は，子どもたち個々の自ら学ぼうとする意欲を高め，学級内の級友や仲間との協同の学習活動を促すものである。

教科教育の場面で「一定の知識を子どもたちに教え込む」から「自ら獲得できるように支援する」というパラダイム転換・意識改革が，教師に求められているなかで，特別活動の指導において，子どもたちの主体性を尊重しながらよりよい集団で活動させる指導行動をとることを特に意識する必要がある。

第5章　特別活動で教師に求められる力量

第3節　ガイダンスとカウンセリング

(1) 日本における成り立ち

　第二次大戦後の日本の学校教育はアメリカをモデルにした,「学習指導」
と「生徒指導（ガイダンス）」から成り立っている。日本の生徒指導の概念
は, アメリカのガイダンス・カウンセリングをモデルにしたものである。

　アメリカのガイダンス・アンド・カウンセリングの内容は, 教科・科目の
選択履修指導, 学業指導, 進路・職業ガイダンス, 心理相談, 教育相談など
からなっている。初期のころは教師がこうした機能を果たしていたが, 機能
の拡大とともに独立した専門職として扱われるようになり, ガイダンス・カ
ウンセラーとして学校に配置されるようになった。日本では, 学習指導を担
当する教師が同時に担っている（河村, 2010）。

　生徒指導提要（文部科学省, 2010）によると, 生徒指導とは,「一人一
人の児童生徒の人格を尊重し, 個性の伸長を図りながら, 社会的資質や行動
力を高めることを目指して行われる教育活動」と説明されている。また, 教
育相談は,「児童生徒それぞれの発達に即して, 好ましい人間関係を育て,
生活によく適応させ, 自己理解を深めさせ, 人格の成長への援助を図るも
の」と説明されている。

　教育相談と生徒指導はねらいや場面や方法に重なる部分が多く, 教育相談
は, 生徒指導の一環として位置づけられるものであり, 生徒指導の中心的役
割を担うものである。教育相談と生徒指導の相違点としては, 教育相談はお
もに個に焦点を当てて, 面接や演習を通して個の内面の変容を図ろうとする
のに対して, 生徒指導はおもに集団に焦点を当て, 行事や特別活動において,
集団としての成果や変容を目指し, 結果として個の変容にいたるところにあ
る。

　教師は, 実際の指導場面で, 生徒指導と教育相談の方法を明確に識別して
対応することはなく, 生徒指導と教育相談の方法や効果は相補的な関係にな
っているといえる。

52

（2）学習指導要領上の位置づけ

　2017年（平成29）年版の学習指導要領（高等学校は2018年）で，カウンセリングという言葉が初めて使用され，ガイダンスとカウンセリングの位置づけが，次のように示された。

　ガイダンスは，おもに集団を中心とする指導・援助と位置づけられ，カウンセリングは，個々の子どもの多様な実態を踏まえ，一人一人が抱える課題に個別に対応した指導・援助という位置づけである。これは従来からの日本の「生徒指導」の領域に当てはめて考えると，ガイダンスは狭義の生徒指導が，カウンセリングは教育相談が該当する。

　ガイダンスとカウンセリングは，子ども一人一人の学校生活の適応，人間関係の形成，進路の選択などが実現することを目標に，教師と子どもとの信頼関係を形成し，子どもたち相互の良好な人間関係を育成し，子どもたち一人一人の発達を支援するものである。

（3）特別活動で求められるガイダンスとカウンセリング

　特別活動を指導する際，教師には，子どもたちの学校生活への適応，人間関係の形成，進路の選択の支援に関して，教師から一方的に指示，指導し，子どもたちの意識や行動の変容を強いて，一時的な規律の遵守や適応，予定調和的な進路選択にいたらせることが求められているのではない。

　子どもたち個々が，自身の学校生活のあり方や生き方，将来の進路などについて，級友たちと主体的・対話的に検討できるように，適切な情報提供やディスカッションの場の構成をするのはもちろん，その前後で，個々の子どもに対して，カウンセリング的な対応を十分行うことが必要である。「ガイダンス的な要素の強い情報を心理的に受け入れる準備を整えさせる」「情報をどのように活用するのかの視点をもたせる」「自分の課題を明確化させる」「集団でのディスカッションへの不安を低下させる」など，子ども個々への心理的アプローチを行う。

　また，さまざまな体験活動によって感じたことや気づいたことを，子どもたちがグループのなかで話し合ったり，学級のなかで発表したりする場合，他者の感じ方や考え方との共通点や相違点を明確にして，自身の適性や価値

第5章　特別活動で教師に求められる力量

観について気づきが生まれるように，ふだんから働きかけていく。

　その結果，子どもたちは，学校や学級の生活によりよく適応し，将来の進路に関して自らの内面からの気づきを出発点にした意識や行動の変容を伴う，自己実現に向けた主体的な選択につながる。それが持続的な変容になるのである。

　特別活動で子どもたちに育てたい資質・能力の視点として，「人間関係形成」「社会参画」「自己実現」の３つがあげられており，これからの教師には，３つの視点を踏まえて特別活動の指導を行うなかで，ガイダンスとカウンセリングの特性を子どもたちの成長に積極的に活用していける力量が求められている。

第4節　人間関係を形成するために必要な技法

　特別活動では，子どもたち同士の信頼関係に基づく良質なコミュニケーションをもとに，子どもたちの力や意欲を引き出し，目標達成に向けた主体的な行動を促進することが大事である。

　その前提として，子どもたちに人間関係を形成するための意義や基本的な知識，技法を身につけさせることが求められる。その一つの手法として，グループ・アプローチの活用が有効である。

　グループ・アプローチとは，「個人の心理的治療・教育・成長，個人間のコミュニケーションと対人関係の発展と改善，および組織の開発と変革などを目的として，小集団の機能・過程・ダイナミックス・特性を用いる各種技法の総称」（野島，1999）である。

　教育の場面では，参加するメンバーの人格形成の促進が目的になることが多い。日常生活を送っている人々が，生活のなかでより自己実現を目指して生活できるようになることを促進するのが目的となる。メンバーの教育・成長を目指した，グループでの生活体験であり，その生活体験が体験学習となるようにプログラムされている。そして，グループ・アプローチはその目的を達成する方法として，集団の機能や特性を積極的に活用する。同じ集団に

54

所属する者同士の協同の活動や，日々の集団生活のなかで発生する，メンバー同士が相互に影響を与え合う力であり，まさに，特別活動の目的と方法に類似しているのである。

以下に，グループ・アプローチの代表的な技法を紹介する。

第5節　構成的グループエンカウンター

エンカウンターのキーコンセプトは自己開示である。あるがままの自分を受容し，宣言することが，ふれあい（本音と本音の交流）を形成する。

そして，グループ状況でのエンカウンターが「構成」されているのが，構成的グループエンカウンター（Structured Group Encounter：SGE）である。ここでいう構成とは，エクササイズを使用したり，そのためのグループ・サイズや時間を指定するといったように場面設定（条件設定）をすることなどを意味する。リーダーが構成して，エクササイズを中心とした一定のプログラムを進めていく。

構成的グループエンカウンターは，ふれあいと自他発見（自他の固有性・独自性・かけがえのなさの発見）を目標とし，個人の行動変容を目的としている（國分，1981，1992）。このプロセスのなかで，メンバー同士やメンバーとリーダー間のリレーションも深まっていくのである。

構成的グループエンカウンターは，おもに次のような流れで実施される。

①**インストラクション**：エクササイズのねらいや内容，留意点や取り組む方法を，リーダーが簡潔に具体的に説明する。
②**ウォーミングアップ**：その後に続くエクササイズの意味づけやレディネスを整えることであり，メンバーの緊張緩和もねらいの一つである。
③**エクササイズ**：メンバーの心理面の発達を促進する，リレーションの形成の向上を意図してつくられた課題のことである。メンバーはエクササイズに取り組むことによって自己開示が誘発され，それがほかのメンバーとのリレーション形成につながっていく。いわばエクササイズは自己開示，リレーション形成の触媒の働きをするのである。エクササイズの種類は，「自己理解」「他者理解」「自己受容」「自己表現・自己主張」「感受性の促進」「信頼体験」の6つを目標とするものである。
④**シェアリング**：直前の集団体験を通して得た感情や思いを，自分のなかで，他者と分かち合うことを通して，意識化して確認する。

第5章　特別活動で教師に求められる力量

以上（前ページ）の４段階である。

構成的グループエンカウンターでは，リーダーの働きが鍵を握る。リーダーはプログラムの推進者であり，その主たる役割は，次の３点である。

○**インストラクション**：エクササイズのねらいや内容，留意点や取り組む方法を，リーダーが簡潔に具体的に説明することである。同時に，メンバーの活動に際しての不安の軽減や，エクササイズに取り組む意欲を喚起するというねらいもある。
○**プログラム構成**：リーダーは参加しているメンバーの実態に応じて目標を定め，それに合わせてエクササイズを配列してプログラムをつくる，その構成である。プログラム構成にそのリーダーの構成的グループエンカウンターに対する考え方が色濃く反映される。また，リーダーは事前に設定したプログラムをそのまま展開するのではなく，メンバーたちの状況に応じてプログラムを構成しなおし，より状況に合ったものにしていくことが求められる。
○**介入**：メンバー同士のふれあいの促進と，各メンバーが安心して自分の内面と対峙できるような環境を守るため，メンバーにエクササイズのねらいから外れた行動が見られたり，心的外傷の恐れがあると感じたら，その活動に割って入って，適切な対応をする。エクササイズに参加し活動するメンバーに対して，割り込み指導することである。

構成的グループエンカウンターは，わが国の学校現場で，子どもたちの対人関係の形成を改善させるなどの方法として，教育関係者に注目され取り組まれている。それは，定型化されたエクササイズやプログラムがあり，実践事例が蓄積されており，グループ・アプローチに馴染みがうすい教師にとっても，教育実践に活用しやすいという利点があるからだろう。

学校現場では，子どもたち相互のふれあいと自他理解を目標にして，メンバーの年代に応じた発達課題の達成，教育課題の達成が導入のねらいとなる。メンバーは同じ学級の子どもたちという場合がほとんどで，学校の教室や体育館で，特別活動や授業という教育活動の１コマのなかで実施されているのである。エクササイズも子どもたちの学齢，カリキュラムに合わせた内容に応じて，とても多様なものが開発されて実施されているのである　（國分，1981，1992）。

第６節　学級ソーシャルスキル（ＣＳＳ）

心理学では，人とかかわる，社会や集団に参加し協同生活・活動するため

の知識と技術を総称して，ソーシャルスキル（social skills）という。ソーシャルスキルは学習によって獲得される。対人関係がうまくいかないのは，その人がだめなのではなく，ソーシャルスキルが未熟だからであり，現代の子どもたちはソーシャルスキルの学習不足といえるのである。

　ソーシャルスキル・トレーニングは，次の①②③④のプロセスで展開していく。

---

①**教示**：学習すべきソーシャルスキルを特定したうえで，ソーシャルスキルとそれを訓練する意義を理解させる。くれぐれも強制的にではなく，子どもたちが納得できるように，やってみたくなるように説明する。
②**モデリング**：よいモデルや悪いモデルを見せて，ソーシャルスキルの意味や具体的な展開の仕方を理解させる。学級にはいいモデルになる子どもたちがたくさんいる。そういう子どもたちの行動を意識させ，真似させることが第一歩になる。
③**ロールプレイ**：特定のソーシャルスキルについて，仮想場面を設定し，言い方や態度を練習する。ポイントは，楽しく活動できたかどうか。人とのかかわりや集団活動に楽しさや喜びが感じられないようでは，次は「自分からやってみよう」という内発的な動機は喚起されないからである。
④**強化**：練習中に適切な行動ができた場合など，ほめたり，微笑んだり，注目したりして，行動をする意欲を高める。人間はプラスの評価を得るとその行動を継続するものである。ポイントは，何でもほめるのではなく，今回取り上げたソーシャルスキルについて，どのようによかったのかがわかるようにほめる，認めることが求められるのである。

　以上の４点を，一定の時間を用意して展開する。

　ソーシャルスキルが未熟な子どもたちが，30〜40人集まっているのが現代の学級集団の様相である。河村ら（2007，2008）は，「親和的で建設的にまとまった学級で子どもたちが活用しているソーシャルスキル」「学校や学級生活を満足度が高く意欲的に送っている子どもたちが活用しているソーシャルスキル」の共通点を整理して，「学級生活で必要とされるソーシャルスキル（ＣＳＳ：Classroom Social Skills）」として体系化した。

　教師に，ソーシャルスキルが未熟な子どもたちを相互にかかわらせながら，主体的・対話的に学習や活動に取り組ませていくことが求められるのならば，子どもたち一人一人にＣＳＳを身につけさせることが，子ども同士の対人関係や学級集団をスムーズに形成し，集団活動も活発に展開されていく早道となるのである。

第5章　特別活動で教師に求められる力量

（1）学級生活で必要とされるソーシャルスキル（ＣＳＳ）

　ＣＳＳは２つの領域のソーシャルスキルから成り立っている。

　一つは「配慮のスキル」である。

　「何か失敗したときにごめんなさいという」「友達が話しているときは，その話を最後まで聞く」など，対人関係における相手への気づかい，対人関係における最低限のマナーやルール，トラブルが起きたときにセルフコントロールしたり自省したりする姿勢などが含まれたソーシャルスキルである。

　最初は意識して学習することが求められるが，徐々に習慣的にできるようになっているのが理想である。

　もう一つは「かかわりのスキル」である。

　「みんなと同じくらい話をする」「係の仕事は最後までやりとげる」など人とかかわるきっかけづくり，対人関係の維持，感情交流の形成，集団活動にかかわる姿勢など，自主的な行動が含まれたソーシャルスキルである。

　学校・学級生活を満足度が高く意欲的に送っている子どもたちは，２つの領域のソーシャルスキルを高いレベルで，バランスよく活用している。逆に対人関係をうまく築くことができていない子どもや，荒れた雰囲気や暗い雰囲気の見られる学級では，「配慮のスキル」と「かかわりのスキル」の活用レベルが低いか，バランスが悪くなっていると考えられるのである。

　子どもたちが集団活動に自主的にコミットしていく姿勢を身につけるのには，集団体験の楽しさ，充実感を体験することが第一歩である。教師は喜びや楽しさにつながる取り組みのなかで，そのために必要な人とのかかわり方や行動の仕方を，ＣＳＳをアドバイスする形で教えていくスタイルが求められるのである。

　喜びや楽しさにつながる体験をある程度積み重ねたら，子どもたちの間には親しい関係が生まれてくる。そのような状態のなかでこそ，学び合いが生まれてくるのである。友達のいいところを真似し合う，自分の行動が認められる，困っている友達に自分のできることを教える，一人でやるよりも協力することでもっと大きな成果を得る体験をする，その結果，さらに喜びや楽しさが向上する。この流れが子ども同士のかかわり合いを，学び合いを，促

進していくのである（河村，2007，2008）。

第7節　アサーション・トレーニング

　自己表現は，以下の3つのタイプに分類される。

①攻撃的自己表現（aggressive）：自分は大切にするが，相手を大切にしない

②非主張的自己表現（non-assertive）：相手を大切にするが，自分を大切にしない

③主張的自己表現（assertive）：自分も相手も大切にする

　アサーション（assertion）とは，自他尊重の自己表現であり，自分の考え・欲求・感情などを率直に，その場にあった適切な方法で述べることである（平木，2008）。アサーション・トレーニングとは，アサーティブな自己表現を，とき・場所・場合に応じて適切に行うための訓練である。

　代表的なアサーティブな自己表現法としてDESC（デスク）法がある。

D：描写（describe）／現状や相手の行動を客観的に描写する

E：表現，説明，共感（express, explain, empathize）／描写した事実への自身の主観的な気持ちを表現，または説明をする

S：提案（specify）／状況改善への具体的・現実的な解決策・妥協案の提案

C：選択（choose）／相手が要望を受け入れた場合とそうではない場合の双方に対して，次に自身の起こす行動を考えて選択する

例：図書館の閲覧室で私語をしている級友に注意してトラブルになった状況
　□うるさいよ。
　□うるさくて，本が読めないよ。
　□話すなら図書館から出ていけよ。
　　　　↓　ここで言い争いになる。
　□相互に相手をののしり合い，仲互いとなった。
　　　　↓　DESC法で表現してみる
　D：声が教室に広がっています。
　E：声が気になって，学習に集中することができません。
　S：話をするのであれば，談話室でしてもらえませんか。
　C：そうしてもらえると，学習に集中できるので助かります。
　　　　↓　談話室に行くことを了承してくれた。

第5章　特別活動で教師に求められる力量

以上（前ページ）の展開である。

日常生活で人間関係のトラブルになりやすい場面を取り上げ，一定の時間をとって，体験的に練習するのである。ロールプレイング（役割演技法）で集団活動をしてみるのが有効である。

ロールプレイングとは，現実に近い模擬場面を設定し，参加者に特定の役割や台詞を演じさせ，習得したスキルの是非を検討したり，そこで生じた感情面などの問題点に対する解決方法を考えさせたりするのである。

このような活動に定期的に取り組み，子どもたちに人間関係を形成するための意義や基本的な知識，技法を身につけさせることが，特別活動の集団活動での学びを，より深いものにするレディネスとなるのである。

第8節　人間関係のアセスメント：Q-U

アセスメント（assessment）とは，教育の分野では，「実態把握」の意味で用いられることが多い。各学級で展開される集団活動は，学級内の個々の子どもたちの特性や実態，学級内の子どもたちの人間関係から形成される学級集団の状態を踏まえて展開されることが必要である。

学習指導要領では，ガイダンスはおもに集団の場面を中心とする指導・援助と位置づけられ，カウンセリングは個々の子どもの多様な実態を踏まえ，一人一人が抱える課題に個別に対応した指導・援助と位置づけられている。教師は，特別活動においては，ガイダンスとカウンセリングを相互に連関して，集団活動がより教育的に展開されるように計画して取り組むことが求められる。

各学級に応じた適切な計画を立てるためには，個々の子どもの多様な実態と学級集団の状態について，適切なアセスメントが求められる。そして，そのアセスメント・ツールとして，近年，注目されているのが，妥当性が高く，かつ，教師が簡単に活用できる心理検査，Q－Uである。

(1) Q－Uとは

『楽しい学校生活を送るためのアンケートQ－U（QUESTIONNAIRE-UTILITIES）』は，標準化された心理検査で，頭文字をとって「Q－U」と

第8節　人間関係のアセスメント：Q-U

呼ばれている。

　Q－Uは，「いごこちのよいクラスにするためのアンケート（学級満足度尺度）」と「やる気のあるクラスをつくるためのアンケート（学校生活意欲尺度）」の2つの心理テストから構成されているテストバッテリーである。

　子どもたちの学級生活の満足度と学級生活の領域別の意欲・充実感から，「不登校になる可能性の高い子ども」「いじめ被害を受けている可能性の高い子ども」「各領域で意欲が低下している子ども」など，個々の子どもの特性や問題を発見することができる。

（2）学級満足度尺度

　Q－Uの「学級満足度尺度」は，子どもたち個人の把握，学級集団の状態の把握，学級集団と個人との関係の把握，の3つが同時にでき，アセスメントとして大きな方針を得ることができる。学校現場の教師たちがQ－Uと呼んでいるのは，「学級満足度尺度」のみを指していることもある。

　学級満足度尺度には，子どもが学校生活において満足感や充実感を感じているか，自分の存在や行動をクラスメートや教師から承認されているか否かに関連している「承認得点」と，不適応感やいじめ・冷やかしの被害の有無と関連している「被侵害得点」があり，各6つの質問項目（中・高等学校用は各10項目）が，それぞれ4件法（中・高等学校用は5件法）で構成されている。「承認得点」と「被侵害得点」をそれぞれ合計して得点化する。

＜子どもたち個々の把握＞

　子ども個人の得点の状況を，全国平均値と比較して4つの群に分類して，その子の学級生活における満足感を理解する。

①**学級生活満足群**：「承認得点」が高く，「被侵害得点」が低い

　　不適応感やトラブルが少なく，学級生活・活動に意欲的に取り組めている子どもである。

②**非承認群**：「承認得点」が低く，「被侵害得点」も低い

　　不適応感やいじめ被害を受けている可能性は低いが，学級内で認められることが少なく，自主的に活動することが少ない子どもである。

③**侵害行為認知群**：「承認得点」が高く，「被侵害得点」も高い

第5章 特別活動で教師に求められる力量

対人関係でトラブルを抱えているか，自主的に活動しているが自己中心的な面があり，ほかの子どもとトラブルを起こしている可能性の高い子ども，ネガティブなモニタリングをする傾向の強い子ども，などである。

④**学級生活不満足群**：「承認得点」が低く，「被侵害得点」が高い

いじめや悪ふざけを受けている，不適応になっている可能性の高い子どもで，学級のなかで自分の居場所を見いだせないでいる子どもである。状況が放置されると，不登校になる可能性が高い。

分類された4つのタイプからは，子どもがどんな援助ニーズをもっているかの目安を得ることができる。また，援助のニーズの大きさ（援助レベル）に関する情報を得ることができる。一般的に，不満足群の子どもは3次支援レベル（問題行動が表出しており，学級内で，一人で自律して生活や活動ができない状態で，個別に特別の支援が求められるレベル）が想定され，非承認群と侵害行為認知群の子どもは2次支援レベル（問題行動は表出してはいないが，内面に問題を抱えていたり，不適応感も高まっていて，一斉指導や全体の活動のなかで個別配慮が常に必要なレベル）が想定される。

＜学級集団の状態の把握＞

学級集団の状態は，学級集団を学級内のルールの確立度とリレーション（親和的な人間関係）の確立度の2つの視点で捉えることができる。

Q-Uでは「承認得点」と「被侵害得点」の2軸を交差して，学級内のすべての子どもたちの得点の分布によって，学級集団の状態（タイプ）を把握する。学級内のすべての子どもたちの「被侵害得点」の分布を学級内の「ルールの共有」と対応させ，すべての子どもたちの「承認得点」の分布を学級内の「リレーションの形成」と対応させて考えるのである（図5-①）。

そして，学級集団を次の6分類で捉える。

①両方の確立度が高い「親和的でまとまりのある学級集団（親和型）」

②リレーションの確立度が低い「かたさの見られる学級集団（かたさ型）」

③ルールの確立度が低い「ゆるみの見られる学級集団（ゆるみ型）」

④両方の確立度が低い「不安定な要素をもった／荒れの見られる学級集団（不安定型）」

⑤両方がまったく確立していない「教育環境の低下した学級集団（崩壊型）」
⑥ルールとリレーションの確立に方向性がない「拡散した学級集団（拡散型）」

　集団活動が活発に行われる状態になっている学級集団は，「親和的でまとまりのある学級集団（親和型）」である。
　それ以外の学級集団は，集団としての成立が不安定な状態であり，子どもたちのかかわり合いも不安定で建設的な話合い活動の成立が不十分になっていると想定される。各自が集団の一員という当事者意識をもち，内在化されたルールやマナーのもとに，不安なく自分の考えや感情を表明できる，ほかの子どもたちの考えや感情を理解できるような交流が成り立つ状態にない，ということである。子どもの主体的な学びにつながる，建設的な相互作用（インタラクション）の成立がむずかしい状態なのである。

図5-①　学級集団の代表的な状態

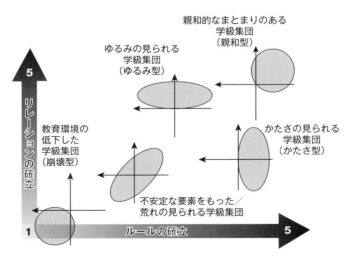

※「⑥拡散した学級集団（拡散型）」は，ルールとリレーションの確立度による分類に馴染まないため，上図には掲載していない

第5章　特別活動で教師に求められる力量

(3) 学校生活意欲尺度

　Q-Uの「学校生活意欲尺度」は，子どもたちの学校生活における意欲をアセスメントする尺度である。

　調査する領域は，「友達関係」「学習意欲」「学級との関係」「教師との関係」「進路意識」（小学生版では前3つのみ）である（図5-②）。

　学校生活意欲尺度の結果からは，子どもたちが意欲的に学校生活を送るために，教師が優先的に支援したい領域について，対応のヒントを得ることができる。特に，日常観察では見えなかった結果については，早急に個別面接などを実施して確認し，確実な支援を行うことが求められるのである。

図5-②　学校生活意欲尺度の子どもたちに支援が必要な領域

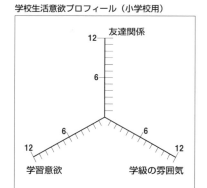
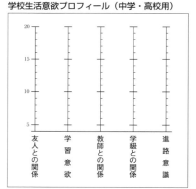

第6章 特別活動と学級経営 ―学級集団の心理学―

第1節 学習指導要領に位置づけられた特別活動のなかの学級活動

　明治末から昭和初期にかけて，学校現場で広がっていた学級経営の考え方は，太平洋戦争敗戦後に制定された学習指導要領で，学校教育に今日の「特別活動」と近い形で，教科教育外の教育領域として位置づけられた。そして，特別活動の一分野として今日の「学級活動」も位置づけられていったのである。その概略を以下に確認する。

　1947（昭和22）年に最初の学習指導要領が制定され，その後，学習指導要領の第一次改訂である1951（昭和26）年版学習指導要領では，小学校4年生以上に「教科以外の活動」，中学校では「特別教育活動」が新設された。このなかで，小学校では「学級会」，中・高等学校では「ホームルーム」という活動分野が新設された。

　1958（昭和33）年版学習指導要領で，小・中・高のすべての学校を通して，現在の「特別活動」まで継承されている「特別教育活動」がおかれ，中学校ではそのなかに「学級活動」がおかれた。これが「学級活動」の名称が法制度上に位置づけられた最初である。

　その後の学習指導要領では「学級会活動」という名称がしばらく使われたが，1989（平成元）年版学習指導要領から「特別活動」の内容に，小・中・高ともに「学級活動（高校ではホームルーム活動）」という名称が使われるようになった。「学級活動」は，これまでの学級会活動と学級指導が統合されたものである（第2章第5節参照）。

第6章　特別活動と学級経営―学級集団の心理学―

　学校教育の目的は子どもたちの学習指導をも含んだ人格形成であり，その目的を学級でのさまざまな活動（授業はその主要領域である）を通して達成しようとするものが学級経営である。そして，各学校の教育課程の基準である学習指導要領では，子どもの個性や創造性などの人格形成の重要な資質・能力の育成に，より直接的に深くかかわることができるものとして特別活動が設定され，「学級活動」は学校教育の最も基本的集団である学級において実現するために設定された教育課程上の一分野であり，特別活動のなかでも最も中心的な分野である。

　ただし，とにかく学級で集団活動をすれば，子どもたちにとって多くの学びが生まれるというわけではない。子どもたちにとって多くの学びが生まれるような，望ましい学級集団の状態と展開が必要なのである。

第2節　学級風土

　学習指導要領では従来から学級活動で必要な学級集団の状態を，「学級風土」の視点から説明している。学級風土とは，学級の子どもたちが感じ受容する教室を支配する雰囲気である。大きく「支持的風土」と「防衛的風土」との2つに分けられ，前者が理想とされ，学級におけるよき風土づくりが学級経営上の課題となるのである。

　支持的風土とは，次のような特徴があることが指摘されている。①級友との間に信頼感がある，②率直にものが言える雰囲気がある，③組織として寛容さがあり相互扶助が見られる，④ほかの集団に対して敵意が少ない，⑤目的追求に対しての自発性が尊重される，⑥学級活動に積極的な参加が見られ，自発的に仕事をする，⑦多様な自己評価が行われる，⑧協同と調和が尊重される，⑨創造的な思考と自律性が尊重される，などである。

　防衛的風土とは，次のような特徴があることが指摘されている。①級友との間に不信感がある，②攻撃的でとげとげしい雰囲気がある，③組織として統制と服従が強調される，④戦闘的で地位や権力への関心が強い，⑤目的追求に操作と策略が多い，⑥小グループ間に対立，競争関係がある，⑦保守的

で他律性が強い，などである。

つまり，子どもたちは支持的風土のある学級集団のなかで，さまざまな学級活動を子どもたち同士で協同的に取り組むことを通して，そのプロセスのなかから自律，協力，自主性，リーダーシップなどの資質が育成され，それが人格形成につながっていくのである。

したがって，教師は子どもたちの人格形成を目指す学級経営として，学級を集団として支持的風土となるように学級集団づくりを行うことが求められるのである。

第3節　学級集団づくり

子どもたちにとって学級とは，最初は，自らの意志とは無関係に決められた教師とほかの子どもたちで構成される単なる「所属集団」である。このような学級集団は，外からの建設的な働きかけがないと，時間の経過とともに子どもたちの間に防衛的風土が広がりやすいものである。

このような学級集団を，支持的風土のある学級集団になるように，子どもたち同士が協同的に取り組める学級活動を仕組み，子どもたちにとって「準拠集団」となるようにしていくことが，学級集団づくりである。

準拠集団とは，個人がある集団に愛着や親しみを感じるなどの心理的な結びつきをもち，自らその集団に積極的にコミットしたいと考えるようになって，結果として個人が信念・態度・価値を決定する場合や行動指針を求める場合などに，判断の根拠を提供する社会集団のことである。日常生活を営む個人に，物事を判断する準拠枠を与える集団である。

個人は愛着や尊敬の念をもつ人や集団に同一化して，「そのような人（人々）と同じようになりたい」と欲し，その人（人々）の行動や考え方をモデリングする傾向がある。これが学習者側の学習成立の第一歩となる。したがって，支持的風土のある学級集団のなかで，その風土に同一化している級友たちと相互作用していくことによって，子どもたちは徐々に支持的風土のある学級集団で大切にされている価値観や行動の仕方を自然と身につける

のである。学級集団づくりと子どもたち個々の人間育成は表裏一体であり，同時進行で育成されていく，というのはまさにこのことである。

個の形成と集団の形成，個性の形成と社会性の形成，これらは一見対立するもののように見えるが，個と集団は相即不離な関係なのである。個を生かすには，個を大切にする集団が必要である。個を大切にする集団のなかでこそ，個性も社会性も育成されていくのである。

さらに，学級集団づくりで活用される学級活動の内容は，子どもにとって楽しさや喜び，面白さが伴うことが不可欠である。なぜなら，人間が自ら主体的に活動したくなるのは，楽しさや喜び，面白さにつながる活動のときだからである。ただし，楽しさや喜び，面白さは，不真面目・遊び半分・いい加減などとは本質的に異なる。真の楽しさや喜び，面白さを獲得するには，活動のプロセスで努力や創意工夫，他者との連携や協同が不可欠である。これらのプロセスを経て獲得したものは，楽しさや喜び，面白さが倍加する。特別活動の学級活動の内容には，子どもたちが楽しさや喜び，面白さを満喫できるものが求められるのである。

この場合に，子どもたちが感じた楽しさや喜び，面白さは，感動（ある物事から強い印象を受けて心を動かされること）と結びつき，それが自発性や創造性につながるものである。学級活動での取り組みは，子どもたちが感動を体験できるものが理想である。それも単に感動を受動的に体験するだけではなく，感動それ自体を集団的に生み出すような体験が重要である。それが自律，協力，自主性，リーダーシップなどの資質を強化するのである。

特に，学級のみんなが集団活動のつくり手であり，かつ，その享受者であるという状況が大きな感動を生み，個人の自律，協力，自主性，リーダーシップなどの資質を高めるだけではなく，子ども同士の連帯感も高める。これが支持的風土のある学級集団を形成することにつながるのである。

学級集団づくりがうまくいくとは，学級活動が良好に建設的に展開されていることである。それが学級の授業の質的な向上を促し，また，学年単位や全校単位の集団活動の良好さにも寄与するのである。

以上の個と集団の相即不離な関係の活動を通して，個と集団を同時進行で

第3節　学級集団づくり

育成していくことについては，心理学の領域でも取り組まれてきた。アセスメントに標準化された心理検査Q－Uを用いて学級集団づくりを展開する方法も，その一つである（第5章第8節参照）。

　特別活動や学級活動でいわれる望ましい学級集団とは，Q－Uでは「親和的でまとまりのある学級集団（親和型）」の状態であり，学級集団の発達過程では，第5段階の自治的集団成立期に該当する。

　「Q－Uを用いた学級集団づくり」とは，現状の学級集団の状態を標準化された心理検査Q－Uを用いて把握し，各段階の学級集団の発達過程を指針にして，現在の状態からより発達するように集団活動におけるルール（＊注）とリレーションのあり方を工夫して学級経営をし，学級集団づくりを展開していくことである。

（＊注）学級のルールとは？
　学級のルールとは，グラウンド・ルール（子どもたちが主体的に話し合ったり協働するための，話合いの仕方やかかわり方，参加の方法，意思決定の手順など，暗黙の前提となるルール）と学習規律（授業や学習に主体的に参加していくために，聴く姿勢，手のあげ方，話し方など学級内で決められた守るべきルール），さらに人とのかかわり方や集団活動の仕方（基本的なソーシャルスキル）を合わせたものの総体である。

column どの子にも育てたいリーダーシップ

子どもたちの資質・能力を育成する集団活動の前提

　特別活動においては，子どもの人格形成や生きるうえで重要な資質・能力の育成に，集団での体験活動を活用する。子どもたち同士の相互作用のなかから獲得される学びが，自律性や自主性，社会性や責任感と協力的態度，実践的能力を育成するのである。

　集団内でふさわしい役割を担い責任を果たす，協力し合いながら，相互に認め合うプロセスを通して，自律的に高め合う集団をつくり，活動する。これらの過程にコミットすることを通して，子どもたちは社会性と市民性を身につけていく。学級集団は小さいながらも公的な集団であり，子どもたちにとっては，小さいながらも一つの社会だからである。

　しかし，子どもたちだけで自律的に高め合う集団をつくり活動することはむずかしい。この一連のプロセスを教師が支援することが求められるのである。ただし，教師が一定の知識を子どもたちに教え込むような，知識伝達型スタイルの指導行動で教え込むことはできない。それでは教師という管理者に従うだけの集団になってしまうし，子どもたちの主体的な行動も喚起されないからである。

　やはり，子どもたちが自発的に活動し，そのプロセスから自ら学ぶ方法を身につけ，そのような行動を習慣化していく，この一連のプロセス全体を支援する自律性支援的な指導行動が求められるのである（第5章第2節参照）。

　上記のような集団活動を推進していくためには，学習指導要領でも強調されている，「主体的な学び」「対話的な学び」「深い学び」のある学習活動となるような展開が必要である。具体的には，集団活動を推進していくリーダーシップやフォロワーシップを，どのような子どもたちにその役割を与えていくのか，どのように育成していくのかに，従来の学校現場に見られた方法に対して，新たな方法論が求められるのである。

　本稿では河村を参照して，子どもたちにリーダーシップを育成するうえでのポイントを解説する（河村，2014）。

特定の子どもをリーダーに固定する考え方から脱却する

　集団がまとまり，メンバーたちが協力して集団の目標達成を目指していくとき，集団の核となって活動を推進していくリーダーの存在は重要なものである。リーダーシップとは集団に目標達成を促すよう影響を与える力であり，リーダーは集団の中心となってリーダーシップを発揮する人である。

　従来型「いい学級」と目される学級集団の形成は，次のように展開されてきた。

　学級目標の意義やそのためにやるべきことを素早く理解し積極的に行動でき，かつ，学習面や運動面での能力の高い子どもは相対的に学級内に一定数いる。そのような子どもは周りの子どもたちからも一目おかれ，自然と学級集団の中心人物，リーダーになりやすいものである。教師はこのような子どもに学級のリーダーの役割を与え，そのような子どもをずっとリーダーとして固定し，集団活動を展開しながら学級集団づくりをしていくのである。

　小グループでのグループ学習や集団活動のときも，能力の高い子どもたちがリーダーとして各グループに配置され，ほかの子どもたちに指示したり正答を教えたりする。その結果，活動や作業，学習に取り組ませても確実に平均レベル以上の結果を生み出す，まとまった学級集団となっていくのである。

　このような学級集団は，イニシアティブをとる意欲と能力の高い一部の子どもたちから，やらされているだけの意欲の低い子どもたちまで階層が固定化したピラミッド構造になっており，その序列のもとで集団は一定の安定状態にある。

　だが，このような学級集団は，集団として「主体的な学び」「対話的な学び」の集団活動とは真逆の状態であり，一定の知識をすべての子どもたちに定着するために，ピラミッド型グループを使っているのである。学級のリーダーは，教師にとって学級集団をまとめて集団活動を行うのに役に立つ「助教」のような存在になっている。このような学級集団づくりは，自律性支援的な指導行動ではなく，統制的指導行動である。

　従来型の学級集団づくり，集団活動の方法からは，脱却しなければならない。

　「主体的な学び」「対話的な学び」「深い学び」のある集団活動では，メンバー同士が対等な関係で，率直に相互交流できることが不可欠である。そのためには，学級集団での活動や生活を通して，すべての子どもたちにリーダーシップ，フォロワーシップを育てるという考え方への転換が必要なのである。

　学級内のすべての子どもたちに十分な社会性や市民性を獲得させるには，すべて

71

の子どもたちにリーダーシップを発揮する役割を任せたり，そうした場面の設定が求められる。リーダーシップを発揮する役割でない場合は，主体的にフォロワーシップを発揮していくことを教え，活動する場面設定が求められるのである。フォロワーとはリーダーを補佐する人々のことで，フォロワーシップとは，集団の目的達成に向けて，リーダーを補助していく機能である。フォロワーは単にリーダーの指示に素直に従うのではなく，主体的に自分の考えを伝え，目的達成にコミットする姿勢が求められる。

つまり，集団活動を通して子どもたちが資質・能力を獲得するには，学級内のすべての子どもたちがリーダーシップとフォロワーシップの役割活動を通して，そのような能力を獲得していくことが必要である。リーダーは固定されておらず，すべての子どもたちに担当する機会があり，そのときのリーダーを，ほかのすべての子どもたちがフォロワーとして能動的に支えているのである。

フォロワーとして能動的に活動するには，学級集団の目標をしっかり理解し，集団の目的を達成するという意欲，当事者意識と責任感が求められる。同時に，リーダーとフォロワー，フォロワー同士の信頼関係が不可欠なのである。

このとき，子どもたちは教師に一方的に管理されている状態ではなく，集団活動を自治的に展開できていて，支え合い，学び合い，高め合う状況を，自分たちでつくりだすことができるようになっているのである。

リーダー，フォロワー育成のポイント

特別活動の展開では，あくまでも子どもたちの主体性が尊重される。しかし，自発性は教え込むことはできず，モデルを見せ，適切な役割設定や環境設定をし，具体的に体験させて子どもたちに気づかせ，自主的に協働的に行動できるようにしていくことが求められる。これが「自律性支援的な指導行動」であり，教師は指示・命令を出して子どもたちにやらせるのではなく，対話を通した教師と子ども，子どもたち同士の信頼関係に基づく良質なコミュニケーションを形成して，子どもたちの力や意欲を引き出し，目標達成に向けた主体的な行動を促進するという形になるのである。

適切な役割設定や環境設定として，学級集団の発達過程を踏まえ，目標となる自治的な学級集団の形成を目指して，段階的に学級集団を自律的な集団に形成していくために，状態に応じてリーダーやフォロワーの役割を，該当する子どもたちに担当させていくのである。

コラム　どの子にも育てたいリーダーシップ

　学級集団の発達過程として，混沌・緊張期→小集団成立期→中集団成立期→全体集団成立期→自治的集団成立期，という流れがある。教師は各段階の特徴を押さえながら，子どもたちの人間関係がより建設的に形成されていく，学級集団がより建設的にまとまっていく，集団活動がより自発的に深い学びとなるように展開されるために，その段階にふさわしい子どもにリーダーシップをとらせていく。そして，最終的にすべての子どもたちにリーダーシップを発揮する機会を設定していくのである。以上は，次の5段階にまとめることができる。

①混沌・緊張期：子どもたちの意識性を高め，方法を共有させる段階
　　教師がモデルとなる行動をしながら，子どもたちにそのような行動の意義を説明し，その方法を教えていく段階である。

②混沌・緊張期～小集団成立期：コアメンバーを形成する段階
　　学級内の相対的に意識性の高い子どもたちが，教師の説明と行動をモデルにして行動し，リーダーシップをとるようになる段階である。

③小集団成立期～中集団成立期：リーダーシップをとる子どもたちがローテーションしていく段階
　　教師や意識性の高い子どもたちの行動がほかの子どもたちに広がり，新たに意識性が高まった子どもたちがリーダーシップをとれるようになる段階である。

④中集団成立期～全体集団成立期：おとなしい子どももリーダーシップをとれるようになる段階
　　周りの子どもたちが能動的にフォロワーシップを発揮することができようになり，おとなしい子どももリーダーシップをとれるようになる段階である。

⑤全体集団成立期～自治的集団成立期：すべての子どもがリーダーシップをとれるようになる段階
　　活動の内容に応じていろいろな子どもたちが，リーダーシップやフォロワーシップを柔軟にとれるようになる段階である。

参考文献
河村茂雄　2014　学級リーダー育成のゼロ段階　図書文化

第2部
実際編

第7章	特別活動の全体計画と指導計画	…………………………76
第8章	学級活動・ホームルーム活動とは	…………………88
第9章	学級活動の指導の実際	…………………………………98
第10章	児童会・生徒会活動とは	……………………………116
第11章	児童会・生徒会活動の指導の実際	………………122
第12章	クラブ活動の内容と指導の実際	…………………133
第13章	学校行事とは	………………………………………146
第14章	学校行事の指導の実際	…………………………………153
第15章	特別活動における評価	…………………………………162

第7章 特別活動の全体計画と指導計画

第1節　全体計画と年間指導計画

(1) 特別活動における主体的・対話的で深い学び

　「主体的・対話的で深い学び」の実現は，特別活動の各活動および学校行事で求められている。そこで指導計画を作成するにあたっては，集団や自己の生活上の課題を解決することを通して，資質・能力の3つの柱である「知識及び技能」の習得，「思考力，判断力，表現力等」の育成，「学びに向かう力，人間性等」の涵養が実現されるように配慮する必要がある。また，特別活動の指導にあたっては，子どもや学校の実態，指導の内容に応じ，「主体的な学び」「対話的な学び」「深い学び」の視点から授業改善を進めていくことが大切となってくる。特に特別活動では，資質・能力の育成にかかわる「人間関係形成」「社会参画」「自己実現」の3つの視点が重視され，それらは特別活動における「集団や社会の形成者としての見方・考え方」とかかわるとともに，「主体的・対話的で深い学び」を実現するうえでとても重要なものとなっている。

　特別活動では子どもたちの自主的・実践的な取り組みとともに，子どもたちが課題について話し合い，合意形成・意思決定を図ることが求められている。そのためにも学級での活動を基盤としながらも各活動・学校行事を通したさまざまな集団活動によって子どもが互いのよさや個性，多様な考え方を認め合えるような経験を積みながら，「主体的・対話的で深い学び」が実現するように計画を立てていく必要がある。

第1節　全体計画と年間指導計画

（2）特別活動における全体計画と年間指導計画の作成

　特別活動の全体計画は，特別活動の目標を効果的に達成するために各学校が作成するもので，学校の教育目標を達成するうえで重要な役割を果している。そのため全体計画を作成する際には，全教職員の共通理解と協力体制が確立されるようにしなければいけない。この全体計画に示す内容としては，下の表に示すようなものが考えられる。

> **全体計画に示す内容**
> ○学校教育の目標，○特別活動の重点目標，○各教科，道徳科，外国語活動および総合的な学習の時間などとの関連，○学級活動，児童（生徒）会活動，クラブ活動，学校行事の目標と指導の方針，○特別活動に充てる授業時数，○特別活動を推進する校内の組織，○評価，など

　この特別活動の全体計画に基づいて「各活動・学校行事の年間指導計画」が作成される。年間指導計画は，1年間の各活動および学校行事の目標，内容，方法，指導の流れ，授業時数，評価などを詳細に示したものになる。

　なお，全体計画の作成および各活動・学校行事の年間指導計画の作成上の留意点は下記の通りとなる。

> ①学校の創意工夫を生かす
> ②学級や学校の実態や子どもの発達の段階などを考慮する
> ③各教科，道徳科，外国語活動および総合的な学習の時間などの指導との関連を図る
> ④子どもによる自発的，実践的な活動が助長されるようにする
> ⑤家庭や地域の人々の連携，社会教育施設等の活用などを工夫する
> ⑥特別活動の授業時数

（3）学級経営の充実と生徒指導との関連

　学級活動は，学級・学校生活をよりよくするために他者と協力したり，個人として努力したりしながら自主的・実践的に取り組むことにより，活動の楽しさや達成感，自己有用感を得たり，特別活動で育成を目指している資質・能力を高めたりすることにつながる。日本の教師たちが想定する「理想の学級集団」を整理した河村（2012）は，学級集団における必要条件として「ルールの確立」と「リレーションの確立」をあげている（第4章第5節参照）。学級におけるルールが子どもに内在化され，温かなふれあい（リレーション）が子ども同士で交わされている学級ではいじめは生じにくいであろ

77

う。また，この「ルールの確立」と「リレーションの確立」は，河村が学級集団における十分条件としてあげている個々の学習意欲や自主的・自治的活動を育む基盤になるものだと考えられる（p.44参照）。

　このように学級集団における「ルールの確立」と「リレーションの確立」がバランスよく行われるためにも生徒指導は不可欠である。生徒指導とは一人一人の子どもの人格を尊重し，個性の伸長を図りながら，社会的資質や行動力を高めることを目指して行われる教育活動である。この生徒指導は集団場面における指導が基本となるため，集団活動を重視する特別活動とは関連が深いものとなる。また，生徒指導も特別活動も子ども一人一人の望ましい人間形成を図ることを目標としている。そのためにも，教師にはおもに集団の場面において同質的な指導・援助を全員に行う「ガイダンス」と，個々の課題や悩みを受けとめておもに個別に指導・援助を行う「カウンセリング」の双方が求められている。

（4）その他

　指導計画の作成にあたって配慮するものとして，上記のほかに「障害のある子どもなど学習の困難さに応じた指導内容や指導方法の工夫」「道徳科などとの関連」などがあげられる。通常の学級においても，発達障害を含む障害のある子どもが在籍している可能性が多く，インクルーシブ教育システムの構築が目指されている現在，各教科のみならず，特別活動においても一人一人の教育的ニーズに応じたきめ細かな指導や支援が必要となってくる。また，特別活動と道徳教育では，目標に関しては「集団活動に自主的，実践的に取り組み」「互いのよさや可能性を発揮」「集団や自己の生活上の課題を解決」，目指す資質・能力に関しては「多様な他者との協働」「人間関係」「自己の生き方」「自己実現」など，互いに共通するところが多い。それゆえに道徳教育の内容との関連を考慮しながら指導計画を作成することが大切になるのである。

第2節　学級の発達段階と教師のリーダーシップ

　学級経営などにおける年間指導計画を考える際，集団の発達段階を考慮する必要がある。河村（2012）は学級集団の発達段階として以下の段階をあげているが，教師は学級集団の様子を見ながら，いま現在はどの段階にあり，これからどの段階の集団に育成しようとしているのかを考慮して指導を行う必要があるだろう。

図7−①：学級集団の発達段階

理想時期		
4月	**「混沌・緊張期」** 学級編成直後の段階で，子ども同士に交流がなく，学級のルールも定着しておらず，一人一人がバラバラの状態にとどまる段階（時期）。学年の始まり。 →理想の学級のビジョンをつくり，それに基づくルールづくりを	○教示的かかわり ○ルールの設定
5月	**「小集団成立期」** 学級のルールが徐々に意識され始め，子ども同士の交流も活発化してくるが，その広がりは気心の知れた小集団内にとどまっている状態にある段階（時期）。 →リレーションを実感させる体験を （ルールにそった行動で承認される）	○説得的かかわり ○ルールの定着
6月〜	**「中集団成立期」** 学級のルールがかなり定着し，小集団同士のぶつかり合いの後などに複数の小集団が連携でき，学級の半数の子どもが一緒になって行動できる状態にある段階（時期）。 →再度，理想の学級を確認（役割による貢献，一体感の体感を）	○参加的かかわり ○ルールの内在化，習慣化
2学期〜	**「全体集団成立期」** **「自治的集団成立期」** 学級のルールがすべての子どもに定着し全体で行動できる。さらにルールが内在化され，規則正しい生活・行動が，温和な雰囲気で展開される。自他の成長のために協力できる状態にある段階（期）。 →役割交流・感情交流，学び合い活動，自治的活動を促す	○委任的かかわり

出典：河村（2012）をもとに作成

第7章　特別活動の全体計画と指導計画

　参考までに「学級づくりの各学期のねらいと学級活動の目標（例）」を下に記した。

表7－②　学級づくりの各時期のねらいと学級活動の目標（例）

		小学校 低学年		小学校 中学年		小学校 高学年		中学校	
		各時期のねらい	学級活動の目標	各時期のねらい	学級活動の目標	各時期のねらい	学級活動の目標	各時期のねらい	学級活動の目標
1学期	4月初め	学級生活への安心感をもたせる	新しい学級に安心感をもつ	学級に前進的な雰囲気をつくる	楽しくなりそうな期待をもつ	学校のリーダーとしての自覚をもたせる	1年間の見通しをもつ	中学校生活にスムーズに移行させる	中学校生活のルールを共有する
	4月からGW	安全で規則正しい生活を送らせる	学級で活動するための目標をもつ	安心してかかわれる友達をつくる	学級生活の目標をもつ	学校生活の規律を確立させる	学級で活動するための目標をもつ	ルールを習慣化し役割交流を促す	当番活動がスムーズにできる
	5月から7月	友達と活動する	友達と協力しながら活動する	ルールの定着と、友達とのかかわりを増やす	グループ活動のルールを身につける	建設的な学級世論をもたせる	ルールづくりを通して所属感を高める	互いのよい面を生かし合って活動させる	学級組織の一員として動く
	夏休み前	この学級の一員でよかったと感じる	1学期の振り返りと夏休みの計画を立てる	「学級の一員でよかった」と感じさせる	1学期の成果を夏休みに生かす	学級を準拠集団にさせる	1学期の学級活動を振り返る	学級を準拠集団にさせる	集団活動を振り返る
2学期	夏休み明け	生活リズムを取り戻す	新しいメンバーと活動する	落ち着いた学校生活を送らせる	新しいメンバーと活動できる	活動の見通しをもたせる	新しいメンバーと活動する	行動のリズムを取り戻させる	居場所を再確認する
	9月から10月	目的意識を向上させる	プロセスを相互評価する	一丸となって行動させる	友達のよさを見つける	男女理解を深めさせる	プロセスを相互評価する	団結力を高め、協働をつくらせる	リーダーとフォロワーを経験する
	11月から12月	小集団の自主的な活動を促す	小集団で役割を決めて、活動する	人間関係の範囲を拡大させる	グループで役割を決めて活動する	自分たちで決め、自分たちでやり遂げさせる	ルールや役割への規範意識を高める	リレーションを深めさせる	本音で意見を言い合える集団となる
	冬休み前	学級に貢献した自分を発見させる	冬休み中の目標を考える	「やればできる」と感じさせる	学級の楽しい思い出を確認する	学校のリーダーとして振り返らせる	冬休み中の目標を考える	自分と学級の成長を確認させる	活動プロセスを振り返る
3学期	1月から2月	よいところを見つけ、学び合う	集団活動で達成感を味わう	子どもたちの願いを実現させる	集団活動で達成感を味わう	悩みの交流を促進する	集団活動で達成感を味わう	仲間との活動から学び合う	自主的・創造的・生産的に活動する
	春休み前	1年間の成長を振り返る	学級生活や友達への満足感を味わう	新しい学年への意欲をもたせる	学級生活や友達への満足感を味わう	1年間の成長を実感させる	友達への満足感を味わう	新しい学年に移行させる	「この学級でよかった」と思う

出典：河村茂雄・藤村一夫・浅川早苗編著　2009　『Q‐U式学級づくり』　図書文化

また，教師のリーダーシップは子どもとの人間関係や環境によって変化する。子どもの集団の状態を考えた場合，教師には以下のような４つのリーダーシップ（かかわり）があげられる。子どもと集団の目的や発達を考慮したうえで，教師はリーダーシップを柔軟に変えていく必要がある。例えば，１学期の初めは子どもたち同士の交流が少なく，とまどっているような状態であれば教示的なリーダーシップを，また，児童会・生徒会のように子どもたちが主体的に進める集団活動では，委任的リーダーシップでかかわるなど，子どもたちの状態を見て，かかわり方を変える必要がある。

図７−③：教師のリーダーシップ

教示的リーダーシップ
【指導】活動させる前に人とのかかわり方と学級集団のルールを具体的に一つずつ教え，やり方・行動の仕方も教師がモデルを示してから取り組ませる。
【援助】望ましくない行動には，叱らずにやり方を最初から個別に教える。また，不適応にならないように親和的・受容的に個別対応する。

説得的リーダーシップ
【指導】活動させる前にルールと望ましい行動のあり方を具体的に説明してから取り組ませ，望ましくない行動には叱らずにその是非を説明し，望ましい行動をとるように説得する。
【援助】不適応にならないように親和的・受容的に個別に対応し，望ましい行動をほめるなどの強化を行う。

参加的リーダーシップ
【指導】活動させる前に最低限のルールを確認してから取り組ませ，望ましくない行動は簡潔にその行動を注意する。
【援助】より承認欲求を満たすように親和的・受容的に対応し，望ましい行動を積極的にほめるなどの強化を全体に行う。

委任的リーダーシップ
【指導】活動させる前に自分たちでルールを確認させてから取り組ませ，望ましくない行動は教師が最後に注意する。
【援助】より承認欲求を満たすように親和的・受容的に対応し，最後に望ましい行動をほめるなどの強化を全体に行う。

第7章　特別活動の全体計画と指導計画

第3節　小学校における全体計画と年間指導計画

以下に小学校の全体計画の例を示す。

表7−④：小学校における特別活動の全体計画（例）

令和〇〇年度　　特別活動　全体計画　　小学校

〇〇市立〇〇小学校

・日本国憲法 ・教育基本法 ・学校教育法 ・学習指導要領 ・教育委員会教育目標	**学校教育目標** 人間尊重の理念を基礎とし，創造的な知性と感性に富み，心身共に健康で，夢に向かい，志をもって自らの道を拓こうとするとともに，かかわりを大切にし，地域・社会・自然と共に生きる人間の育成を目指す。	〇児童の実態 ・素直で明るく，互いを思いやることができる。 ・行事に意欲的に参加することができる。
生徒指導 ・全教育活動に位置づけ，教師と児童，児童相互のよりよい人間関係を深める。 ・指導と評価の一体化を図り，基本的生活習慣の徹底を図る。	**目指す児童像** 〇自分の考えをもち，堂々と伝える児童 〇進んで人とかかわる児童 〇目標に向かって挑戦し続ける児童 **目指す学校像** 〇すべての児童が安心して楽しく生活することができる学校	・自分の意見を積極的に発言することに課題がある。 〇保護者・地域の願い ・自分の考えをもち，確かな学力を身に付け，主体的に社会で行動できる素地を身につける。

特別活動の目標
集団や社会の形成者としての見方・考え方を働かせ，さまざまな集団活動に自主的，実践的に取り組み，互いのよさや可能性を発揮しながら集団や自己の生活上の課題を解決することを通して，次のとおり資質・能力を育成することを目指す。
(1) 多様な他者と協働するさまざまな集団活動の意義や活動を行ううえで必要となることについて理解し，行動の仕方を身につけるようにする。
(2) 集団や自己の生活，人間関係の課題を発見し，解決するために話し合い，合意形成を図ったり，意思決定したりすることができるようにする。
(3) 自主的，実践的な集団活動を通して身につけたことを生かして，集団や社会における生活および人間関係をよりよく形成するとともに，自己の生き方についての考えを深め，自己実現を図ろうとする態度を養う。

学級活動	児童会活動	クラブ活動	学校行事
学級活動を通して，よりよい人間関係を形成し，集団の一員として，学校や学級におけるよりよい学校生活づくりに参画し，諸問題を解決しようとする自主的，実践的な態度や健全な生活態度を育てる。	児童会活動を通して，よりよい人間関係を形成し，集団の一員として，よりよい学校生活づくりに参画し，協力して諸問題を解決しようとする自主的，実践的な態度を育てる。	クラブ活動を通して，よりよい人間関係を形成し，個性の伸長を図り，集団の一員として，よりよいクラブづくりに参画しようとする自主的，実践的な態度を育てる。	学校行事を通して，よりよい人間関係を形成し，集団への所属感や連帯感を深め，公共の精神を養い，よりよい学校を築こうとする自主的，実践的な態度を育てる。
〇学級や学校の生活づくり 〇日常の生活や学習への適応および健康安全	〇児童会の計画や運営 〇異年齢集団による交流 〇学校行事への協力	〇活動の計画や運営 〇クラブを楽しむ活動 〇クラブの成果の発表	〇儀式的行事 〇文化的行事 〇健康安全・体育的行事 〇遠足・集団的宿泊行事 〇勤労生産・奉仕活動
1年：34時間　2年：35時間 3年：35時間　4年：35時間 5年：35時間　6年：35時間	1年： 6時間　2年： 6時間 3年：18時間　4年：18時間 5年：28時間　6年：28時間	1年： 0時間　2年： 0時間 3年： 0時間　4年：22時間 5年：22時間　6年：22時間	1年：45時間　2年：44時間 3年：45時間　4年：46時間 5年：50時間　6年：56時間

	6年間の重点目標	各教科との関連	総合的な学習の時間との関連	特別の教科道徳との関連	キャリア教育との関連
1・2年生	よりよい集団活動や体験的な活動を通して，児童が仲よく助け合い，楽しく学級生活を送ることができるようにするとともに，すすんで日常の生活や学習に取り組むことができる態度を育てる。	〇「話すこと・聞くこと」の能力をもとに，互いの立場や考えを尊重しながら，伝え合う力を高める。	〇問題解決のプロセスにおける創意工夫を，多様な展開に生かせるようにする。 ◇「環境」や「自然」を課題とした探究活動や体験活動 　1年　植物を育てる 　2年　野菜を育てる 　3.4年　稲づくり 　5.6年　近隣の公園清掃	〇豊かな体験活動を通して，感性や公共心を育て，コミュニケーションを基盤とした人間関係を構築し，友達や地域・家庭とのつながりや広がりを確かなものにしていく。	〇体験を通して，児童の勤労観，職業観を育くむための人間力を育成する。 〇社会人，職業人として自立していくために必要な意欲・態度を育成する。
3・4年生	よりよい集団活動や体験的な活動を通して，児童が協力し合って楽しい学級生活が送れるようにするとともに，日常の生活や学習に意欲的に取り組む態度を育てる。	〇調査・統計・結果を効果的にまとめたり，説明したりする情報活用能力，問題発見・解決能力の育成を図る。	〇集団宿泊行事との関連を図り，自主的・実践的な態度を育成する。 ◇集団宿泊行事 　5年　△△移動教室 　6年　△△移動教室	〇自己実現について ②人間関係形成について ③社会参画について ④道徳的価値をもとに自己を見つめる力の育成 ⑤物事を多面的・多角的に考える力の育成	〇児童の成長や発達を促す取り組みや自己実現をしていくための資質や能力を養う。
5・6年生	よりよい集団生活や体験的な活動を通して，男女が協力するなど，信頼し支え合って楽しく豊かな学級や学校生活が送れるようにするとともに，日常の生活や学習に自主的に取り組む態度を育てる。	〇思考力や想像力および言語感覚を養う。			3年　お店体験 4年　二分の一成人式 5年　起業家体験 6年　職業エキスポ

82

第3節 小学校における全体計画と年間指導計画

以下に小学校の年間指導計画の例を示す。

表7－⑤：小学校における特別活動の年間指導計画（学級活動　6年）（例）

月	題材	学習内容 (1)	学習内容 (2)	目標	評価の観点 よりよい生活を築くための知識・技能	評価の観点 集団や社会の形成者としての思考・判断・表現	評価の観点 主体的に生活や人間関係をよりよくしようとする態度
4月	最高学年としての自覚をもとう	ウ		最高学年としての校内での役割も考慮しながら、この1年間自分たちに何ができるのかを考え、6年生としての自覚を高める。	最高学年として、学級や学校の生活上の心構えを理解している。	最高学年としての自覚をもち、決意を新たに目標を立てている。	新しい学級に対する関心をもち、自主的、自律的に学校生活を送ろうとしている。
4月	学級目標をつくろう	ア	○ア	どんな学級にしたいのかについて一人一人の願いを出し合い、合意形成を図りながら学級目標をつくり、学校生活の向上を図る。	学級目標を定めることの意義や、学級集団として意見をまとめる話合い活動の仕方を理解している。	学級の一員として、互いの意見を尊重しながら、よりよい学級目標について考え、理由を示して意見を述べている。	よりよい学級の生活づくりに関心をもち、話合い活動に自主的、自律的に参加しようとしている。
4月	学級の組織をつくろう	イ		学級に必要な係を考えだし、委員会も含め、各自の役割を決定し、それぞれの役割ごとの目標を考える。	学級内の組織をつくる必要性や意義、活動の内容や方法を理解している。	学級の実態を踏まえ、よりよい学級づくりに必要な係などを考え、理由を示して提案している。	学級内の組織づくりに関心をもち、ほかの子どもと協力して、自主的に活動しようとしている。
5月	互いのよさを見つけよう	ア	○ウ	1カ月間の学級生活を振り返り、互いのよさを見つけ合うことで学級への所属感・連帯感を養う。	自他のよさに気づくことの意義と学級への所属感・連帯感の必要性を理解している。	自他のよさについて考え、伝え合うことでよりよい人間関係を築くかかわりをしている。	自他のよさに気づく活動に対して意欲的に取り組もうとしている。
5月	進んで授業に取り組もう		イ	学ぶことの大切さを自己の向上や自己実現と関連して理解し、主体的に学ぶ意欲を高めることができるようにする。	主体的に学習に取り組むことの大切さや、自分にふさわしい学習方法を理解している。	学ぶことの大切さを理解し、自分にふさわしい学習方法について考え、学習計画を作成し、実践している。	学ぶことの大切さに関心をもち、家庭や学校での学習のあり方を自主的、自律的に改善しようとしている。

※複数の内容項目のうち、重点を置くものに○をつけた。

（1）学級や学校の生活づくり	（2）日常の生活や学習への適応および健康安全
ア　学級や学校における生活上の諸問題の解決 イ　学級内の組織づくりや仕事の分担処理 ウ　学校における多様な集団の生活の向上	ア　希望や目標をもって生きる態度の形成 イ　基本的な生活習慣の形成 ウ　望ましい人間関係の形成 エ　清掃などの当番活動等の役割と働くことの意義の理解 オ　学校図書館の利用 カ　心身共に健康で安全な生活態度の形成 キ　食育の観点を踏まえた学校給食と望ましい食習慣の形成

第7章　特別活動の全体計画と指導計画

第4節　中学校における全体計画と年間指導計画

以下に中学校の全体計画の例を示す。

表7－⑥：中学校における特別活動の全体計画（例）

○○年度　特別活動　全体計画　中学校

○○市立○○中学校

（関係法令等）
・日本国憲法
・教育基本法
・学校教育法
・学習指導要領
・教育委員会教育目標

学校教育目標

心豊かで，自ら学び，たくましく生きる，健やかな生徒の育成

○思いやりがあり，心豊かな生徒
○他者と協働して，未来をたくましく切り拓く生徒
○心身の健康や鍛錬を大切にする生徒

本校の生徒の実態
・温厚で素直な生徒が多い。
・積極的に諸活動に取り組み，挨拶もよくできる。
・学習や課題に対する取り組みに個人差が見られる。

生徒指導
・教師と生徒，生徒相互のよりよい人間関係の醸成に努める。
・生徒の規範意識を育成する
・生徒の自主性・自発性を尊重した指導を進める。
・生徒個々の個性をよく見つめ，生徒理解を深める。

特別活動の目標

・多様な他者と協働するさまざまな集団活動を通して，その意義の理解および行動の仕方を養う。
・集団生活上のさまざまな課題を見いだし，解決に向けて話し合い，合意形成を図ったり，意思決定したりすることができる力を育成する。
・人間としての生き方についての考えを深め，自己実現を図る態度を養う。

保護者の願い
・明るく，思いやりのある生徒の育成
・他者と協力できる生徒の育成
・望ましい生活習慣の育成

各教科
・基礎・基本を重視した確かな学力を身につける
・授業の質を高める具体的な授業計画と評価
・全教師対象の授業公開と授業改善研究会の実施
・アクティブ・ラーニング型授業の実施。
・数学・英語の少人数指導
・ＡＬＴの積極的な活用
・保健体育のＴＴ指導
・生徒の努力・成果を積極的に認める働きかけの実施
・体験活動・伝統文化の重視
・ＩＣＴ等の積極的な活用

道徳
・よりよく生きるための基盤となる道徳性を養う
・道徳的諸価値についての理解をもとに，自己を見つめ，多面的・多角的に考え，人間としての生き方についての考えを深める

特別活動の指導方針

①学級活動，生徒会活動，学校行事の充実を図り，教師と生徒との信頼関係，生徒相互のよりよい人間関係を築き，互いに尊重できる人間性を備えた集団を醸成する。
②学級活動において，学校生活上の諸問題を見いだし，よりよく解決するため話し合い，合意形成を図ったり，意思決定をしたりすることができる資質能力を育成する。
③生徒会活動や学校行事ではさまざまな他者との交流の機会を設け，互いに尊重し合い，役割分担して協力し合う生徒を育成する。

総合的な学習の時間
・横断的・総合的な学習を通して，課題となる諸問題を自ら見いだし，解決し，自己の生き方を考えていくための資質能力を育成する。
・他者との協働的活動を通して，自他の意見や考えを生かし探究的な活動を行う態度と能力を育てる。

本年度の重点目標

・教師と生徒との信頼関係，生徒相互のよりよい人間関係の醸成に努めるとともに，集団や社会の一員としての自己の生き方についての考えを深めさせるよう，キャリア教育の充実を図りながら，学級活動の活動内容を吟味し指導の改善に努める。
・学校生活における諸問題を，学級活動や生徒会活動，学校行事の活動場面で取り上げ，生徒が自主的，実践的に諸活動に取り組もうとする態度を育成するとともに，集団の一員としてよりよい生活を築いていこうとする参画意識を育成する。

進路指導

生徒の自己理解を深め，社会的・職業的自立に向けて，必要な資質能力を育成するとともに，主体的な進路選択ができる生徒の育成

特別活動の各内容別の目標

学級活動	・学校生活上の諸問題を見いだし，話し合い，合意形成を図ることを通して，学級生活や学校生活の向上に努める態度を育てる。 ・よりよい人間関係を基盤に生徒一人一人の個人的，社会的適応を図り，自己を生かす能力を育てるとともに，心身ともに健康で安全な生活習慣を身につけさせる。 ・人間としての生き方について自覚を深め，自己を活かす能力を養うとともに，よりよい将来の生き方を選択し実現する能力を育てる。
生徒会活動	・学校生活の充実や改善向上を図る活動を通して，自発的・自治的能力を高める。 ・全校生徒が生徒会の会員としての自覚をもち，各自の役割を通しながら，よりよい校風づくりに尽力する態度を養う。 ・ボランティア活動などの社会参加を通して，社会貢献の精神を育む。
学校行事	・学校行事への生徒の積極的な参加と協力を図り，よりよい集団活動を通して，より大きな集団への所属感や連帯感を培う。 ・生活に望ましい変化や折り目をつけ，学校生活を豊かにするとともに心身の健全な発達を図る。 ・自然体験や社会体験を通して，生徒の自主的・実践的な態度を養うとともに，創造性や社会性を育てる。

評価と改善

【評価】
「知識および技能」の習得，「思考力，判断力，表現力等」の育成，「学びに向かう力，人間性等」の涵養の３つの柱となる観点を設け，各内容別に評価規準を作成して評価する。その際，指導の改善や生徒の学習意欲の向上を図り，資質能力の育成に生かすように心がける。

【改善】
内容や時期のまとまりごとにアンケートなどを行い，その結果をもとに全職員で改善点を明らかにする。

84

第4節　中学校における全体計画と年間指導計画

以下に中学校の年間指導計画の例を示す。

表7−⑦：中学校における特別活動の年間指導計画（学級活動）（例）

	1年生	2年生	3年生	学校行事・生徒会等
4月	・自己紹介（お互いを知ろう） ・学級目標づくり ・委員会・係決め ・中学校での学習・生活を考えよう ・中学生になっての決意（作文）	・自己紹介（お互いの違いを認め合おう） ・学級目標づくり ・前期委員会決め ・2年生としての学習・生活を考えよう ・2年生しての決意（作文）	・自己紹介（お互いの個性を尊重しよう） ・学級目標づくり ・前期委員会決め ・1年間の学習計画を考えよう ・最上学年としての決意（作文）	・入学式 ・始業式 ・対面式オリエンテーション ・健康診断 ・委員会活動
5月	・宿泊行事に向けて ・クラス討論（1ヵ月経って感じたことを話し合おう）	・職場体験に向けて ・クラス討論（現在の学校生活における問題について話し合おう）	・修学旅行に向けて ・クラス討論（現在の学校生活における問題について話し合おう）	・生徒総会 ・宿泊体験※ ・避難訓練
6月	・運動会に向けて（役割や目標など） ・定期テストに向けて（学習計画づくり）	・運動会に向けて（役割や目標など） ・定期テストに向けて（学習計画づくり）	・運動会に向けて（役割や目標など） ・定期テストに向けて（学習計画づくり）	・運動会※ ・定期テスト ・委員会活動
7月	・1学期の反省と夏休みの過ごし方を考えよう ・セーフティ教室	・1学期の反省と夏休みの過ごし方を考えよう。 ・ボランティア活動	・1学期の反省と夏休みの学習計画を考えよう ・学年末集会（キャリア教育として）	・委員会活動 ・終了式
8月	・2学期に向けて（クラス目標の確認，修正）	・2学期に向けて（クラス目標の確認，修正）	・2学期に向けて（クラス目標の確認，修正）	・始業式
9月	・生徒会役員選挙・投票 ・定期テストに向けて（学習計画づくり）	・生徒会役員選挙・投票 ・定期テストに向けて（学習計画づくり）	・生徒会役員選挙・投票 ・定期テストに向けて（学習計画づくり）	・生徒会選挙 ・定期テスト ・委員会活動
10月	・文化発表会に向けて（目標・役割） ・「私のおすすめの本」	・文化発表会に向けて（目標・役割） ・ビブリオ・バトル	・文化発表会に向けて（目標・役割） ・ビブリオ・バトル	・文化祭※ ・避難訓練
11月	・クラス討論（現在の学校生活における問題） ・定期テストに向けて（学習計画づくり）	・クラス討論（現在の学校生活における問題） ・定期テストに向けて（学習計画づくり）	・クラス討論（現在の学校生活における問題） ・定期テストに向けて（学習計画づくり）	・定期テスト ・委員会活動
12月	・2学期の反省 ・学年末集会	・2学期の反省 ・学年末集会	・2学期の反省 ・学年末集会	・終了式
1月	・3学期に向けて（クラス目標の確認，修正） ・ボランティア活動	・3学期に向けて（クラス目標の確認，修正） ・セーフティ教室	・卒業に向けて（クラス目標の確認，修正）	・始業式 ・避難訓練 ・委員会活動
2月	・定期テストに向けて（学習計画づくり）	・定期テストに向けて（学習計画づくり）	・卒業文集をつくろう ・定期テストに向けて（学習計画づくり）	・定期テスト
3月	・球技大会に向けて ・3学期の反省 ・2年生に向けて	・球技大会に向けて ・3学期の反省 ・最上学年に向けて	・球技大会に向けて ・中学校生活を振り返って（1,2年生へのメッセージ） ・卒業式に向けて	・球技大会※ ・委員会活動 ・卒業式 ・修了式

※印の大きな行事や活動の後には活動の振り返りを行い，自他のよさやがんばった点を発見させる。

column　現場での特別活動のイメージ

特別活動は学校全体を動かす教育活動

　特別活動の内容は，学級（高校ではホームルーム）活動，児童会（中学では生徒会）活動，クラブ活動，学校行事と分類されているが，そのすべてがつながっていることが多い。例えば学年末，１年間最後の全員参加の学校行事として「６年生を送る会」の実施を代表委員会から提案された。５年生以下の代表委員会は，どのような「６年生を送る会」にしたいか，活動のねらいについて検討する。検討されたねらいを各学級に伝え，学級ごとに検討されたねらいにそったテーマを考える。学級で話し合われたテーマを集約し，再び代表委員会で検討し，テーマが決定される。次にどのような内容にするのか，学級ごとに話し合い，さらに学年で意見をまとめ，準備に移る。代表委員会で検討された，場所や時間の設定のなかで，よりよい活動になるように，各学年，学級で創意工夫をしながら取り組まれる。このように学校と学級それぞれの考えや思いを行き来させながら，学校全体がひとまとまりになって教育活動に臨んでいく場となる。

特別活動全体のつながりを意識する重要性

　一つ一つの活動の充実を図るためには，特別活動全体を通じて十分に取り組まれていることが不可欠である。学級活動のなかに位置づけられている「係活動」で育まれた自主性や責任感は，「６年生を送る会」に積極的に臨もうとする態度につながっており，お楽しみ会的な集会活動で育まれた話し合う力や計画力は，「６年生を送る会」のテーマ決めや，出し物の内容決め，準備に生かされる。また日ごろのクラブ活動のなかで，上級生が下級生を思いやり，励まし合うような異学年の交流があるからこそ，下級生は「６年生を気持ちよく送り出したい」と思うのである。特別活動全体が機能し，各学級に活動の意義やねらいが共有されることの積み重ねが，特別活動の目標である「集団の一員としてよりよい生活や人間関係を築こうとする自主的，実践的な態度」を育み，「自己の生き方についての考えを深めたり，自己を生かす能力」を養うと感じる。

特別活動が行われる学校現場の現状

　A小学校の4月の教育課程では，「係を決めよう」という単元が設定されており，学級ごとに，どんな係をしたいかについて話し合う。多くの学級では，子どもに「これまでにどんな係活動をしてきたか」や「どんな係活動が必要だと思うか」を尋ね，出された案のなかで自分が希望する係を決めていく。一方で，A小学校では「係を決めよう」の活動のねらいとして「学級生活をより豊かにするために創意工夫を生かし，信頼し合って活動することができるようにする」ことが設定されているが，創意工夫ができるような環境をどのようにつくるのか，信頼し合って活動できるような指導や支援の工夫にはどのようなものがあるかなど，係活動の展開の方法は，ほとんど共有されないままに教育実践が行われている。

各学級における特別活動の質の差

　ある学級では，係活動のねらいが共有されず，定期的な活動のフィードバックも行われておらず，活動が形骸化している状態であった。またある学級では，どの子どもも平等に取り組めるような仕組みがなく，一部の係のみが活性化し，学級でリーダーシップをとる子どもが固定化し，子どものモチベーションの差が大きく開いている状態であった。

　一方で，お互いに考えや思いを交流しながら主体的に係活動が行われている自治的な学級があった。保健係は，健康な体づくりのための活動として鬼ごっこやランニングのイベントを提案している。提案の際には，活動の目的，日時や場所，集合の仕方，グループ分け，活動のルールなどがきちんと画用紙に明記されていた。画用紙の掲示場所まで伝達し，学級のみんなが参加しやすいように活発に呼びかけをしている。給食係は，みんなが気持ちよく食事ができるようにルールやマナーの提案をし，その日のメニューに関するクイズを行い，より給食時間を充実させるような工夫を考えている。教室の後ろの掲示板には，係ごとにスペースが確保され，棚には色画用紙やマジック，はさみ，のりなどが自由に使えるようになっている。さらに驚いたのは，聞き手側の子どもたちの態度であった。温かい雰囲気のなかで，それぞれの提案に興味をもって話を聞いている。各係からの提案の後には自然と温かな拍手が送られる。学級活動の成果は，学級の雰囲気も大きく影響する。その学級では，それぞれの子どもが集団の一員としての自覚をもち，よりよい生活にしていこうと自主的に行動し，実践を積み重ねていく姿があった。

第8章 学級活動・ホームルーム活動とは

第1節 小・中学校における学級活動の目標

　学級活動の目標は，「学級や学校での生活をよりよくするための課題を見いだし，解決するために話し合い，合意形成し，役割を分担して協力して実践したり，学級での話合いを生かして自己の課題の解決及び将来の生き方を描くために意思決定して実践したりすることに，自主的，実践的に取り組むことを通して，第1の目標に掲げる資質・能力を育成することを目指す」と，小学校については「学習指導要領第6章第2－1」で，中学校については「学習指導要領第5章第2－1」で示されている。なお，指導要領での学級活動の目標は小・中学校で同一である。

　学校活動の目標では，「学級や学校での生活をよりよくする」ことを指摘している。学級はその構成メンバーを学校が定めるので，子どもに選択権がない集団である。子どもたちにとって，在籍する学級が安心でき，居心地がよいか，自分を仲間として認めて受け入れてくれるか，ということはきわめて重大な問題である。そのため，学級活動では，子どもが，自身が在籍する学級を望ましい学級集団にするために，学級担任の指導のもとで，学級生活上の問題を自主的，実践的に解決することを目指している。この目標については，旧学習指導要領でも「学級活動を通して，望ましい人間関係を形成し」とあり，ほぼ同様であるといえよう。

　なお，望ましい学級集団を求めるのは，単に，子どもにとって安全で居心地がよい場であるからという理由だけではない。日本の学校では学級集団が

そのまま学習集団であり，学級集団の状況が教育活動に大きな影響を与えるからであるという点も忘れてはならない。

　では，どのようにして望ましい学級集団にしていくのか。旧学習指導要領では，「集団の一員として学級や学校におけるよりよい生活づくりに参画し，諸問題を解決しようとする自主的，実践的な態度や健全な生活態度を育てる」と指摘している。一方，2017（平成29）年版学習指導要領では，「課題を見いだし，解決するために話し合い，合意形成し，役割を分担して協力して実践したり」すると，より具体的に指摘している。

　ほかの集団活動と比べて，学級集団は，毎日，顔を合わせたり，行動を一緒にしたりするなど，関係性が濃い集団であり，その分，対人交流も活発である。そのため，さまざまな問題が絶えず発生して，それが学級の課題となる。その課題の解決によって安心で居心地のよい学級集団を目指すのである。また同時に，学級における課題の解決を目指す過程を通して，「課題を見いだす」「話し合う」「合意形成する」「役割を分担して協力する」といった資質・能力を獲得するのである。

　問題の解決に向けて，子どもに当事者意識をもたせたり，集団の一員としての自覚をもたせたりすることが「主体的な学び」に，また，学級集団における話合いによって，子どもの自己表現や傾聴などの能力を高めることが「対話的な学び」につながるのである。そのような教育が可能なところが学級活動の特質といえる。

　学習指導要領では，「課題を見いだし」「話合い」「合意形成」「意思決定」などの用語が繰り返し使われている。用語の意味と意義を理解して実践することが求められる。

第2節　小・中学校の学級活動における学習過程

　育成を目指す資質・能力を育むための学級活動における学習過程として，「問題の発見・確認」「解決方法の話合い」「解決方法の決定」「決めたことの実践」「振り返り」のサイクルが示されている（図8−①参照）。この学習過

程を通して，子どもが学級活動の内容を達成する喜びを実感できるような指導が教師には求められる。

　例として，図8−①に学級活動の内容「(1) 学級や学校における生活づくりへの参画」の学習過程が示されている。

　「①問題の発見・確認」は，学級や学校での生活をよりよくするため，学級や学校での生活上の問題から，子どもたちが全員で取り組むべき課題を見いだすことである。その際，子どもから提案される話合いの内容が「議題」である。議題の例としては，子どもたちへのアンケートなどから明らかになった学級でのトラブルやけんか，学級の文化祭での出し物などで，いずれも学級全員で考えるべき内容である。

　「②解決方法の話合い」は，「問題の原因や具体的な解決方法，役割分担などについて話し合う」ことである。例えば，どうしてトラブルになったか，そのとき，どんな気持ちだったか，いまから考えるとどうするとよかったか，あるいは，昨年の文化祭の様子，出し物の内容と分担などについての考えを子どもが発言することである。

　「③解決方法の決定」は，「話合い」で具体化された解決方法などについて学級全員の合意形成を図ることである。合意形成では，子どもたちが解決方法についての自らの考えを述べ合うことを通して，お互いの考えをより深く理解して，解決に向けた折り合いや妥協点を見いだすのである。つまり，各自の考えと完全に一致しなくとも，納得のうえで譲り合うことが求められるのである。しかし，合意形成にいたるのは容易ではない。なぜなら，課題について，子どもが自分の考えをもったうえで話合いに臨まない場合があるからである。特に，思春期の中学生は，他人の目が気になったり，自分の考えを主張することを躊躇したりする。また，表面的にやり過ごすことで摩擦が起きるのを避けようとしたり，どうせ何も変わらないという考えをもっていたりする。このように，自分の考えをもつことに消極的になっていることもある。したがって，合意形成の前に，学級や学校の生活をよりよくする課題を自分事として捉え，解決に向けて自分の考えをもつことができるように教師が指導する必要がある。

「④決めたことの実践」は，合意形成にいたった解決方法について，責任をもって実践することである。各自の考えを主張しながらも，決まったことに対しては協力して責任をもって役割を果たすことが大切である。しかし，「決まったことだから，しかたなくやる」という姿勢で臨んだり，「自分の考えと一致しないから，やらない」と投げだしたりする子どももいる。所属する集団の一員として，自分に何ができるかを主体的に考えて，意欲的に取り組むように教師が指導する必要がある。つまり，③と④の学習の過程は，教師の計画的な自律性支援があって可能となるのである。

「⑤振り返り」は一連の活動を振り返り，つぎの課題解決へとつなげていくことである。

学級活動における学習過程は，「学級や学校の課題を自分事として捉え，自分なりの意思をもって合意形成に臨んでこそ，合意形成したことに対して主体的に取り組もうという意欲をもつことにつながる。逆に，学級や学校の課題を自分事として捉えるということは，学級や学校の生活をよりよくするために自分は何ができるかということを考え，意思をもって実践することでもある」。この学習過程を通して身につけたものが「人間関係形成」や「社会参画」の資質・能力を高めていくのである。

図8-①　学級活動(1)における学習過程（例）

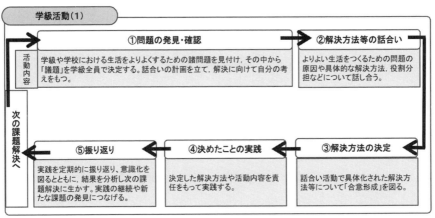

出典：文部科学省　2017　中学校学習指導要領解説　特別活動

第8章　学級活動・ホームルーム活動とは

第3節　小・中学校における学級活動の内容

　学級活動の内容は，小学校，中学校のいずれも3領域から構成されている（表8－②）。3領域とは，1つが「(1) 学級や学校における生活づくりへの参画」であり，2つが「(2) 日常生活や学習への適応と自己の成長及び健康安全」であり，3つが「(3) 一人一人のキャリア形成と自己実現」である。小学校については「学習指導要領第6章第2－2」で，中学校については「学習指導要領第5章第2－1」で示されている。以下に各領域を説明する。

(1) 学級や学校における生活づくりへの参画：特別活動で育成を目指す資質・能力の「人間関係形成」と「社会参画」におもにかかわり，自発的・自治的な集団活動の形成や運営にかかわる内容である。小・中学校で同一の内容であり，取り上げる課題は学級の子どもたちが協働して取り組まなければ解決できないものと示されている。例えば，「中学校では入学や進級時の新しい学校生活に慣れることや様々な集団活動に参加して人間関係を築くこと」が示されている。

(2) 日常の生活や学習への適応と自己の成長及び健康安全：特別活動で育成を目指す資質・能力のすべてにかかわり，個人が直面する生活における適応や成長，自律などにかかわる内容である。その内容は，小学校と中学校の発達段階に対応して示されている。特に中学校の指導にあたっては，思春期の心性を理解した対応や，多様性を尊重した人間関係の形成，食習慣も含めた生活指導が求められている。

(3) 一人一人のキャリア形成と自己実現：特別活動で育成を目指す資質・能力の「社会参画」と「自己実現」にかかわり，旧中学校学習指導要領の「学業と進路」に対応するものである。これまで小学校では扱われていない領域であったが，キャリア教育の小・中・高等学校のつながりを明確にするために設定された。

　学習指導要領では，特別活動が学校におけるキャリア教育の要であると示

第3節　小・中学校における学級活動の内容

表8−②　小学校と中学校における学級活動の内容

小学校	中学校
(1) 学級や学校における生活づくりへの参画	(1) 学級や学校における生活づくりへの参画
ア　学級や学校における生活上の諸問題の解決	ア　学級や学校における生活上の諸問題の解決
イ　学級内の組織づくりや役割の自覚	イ　学級内の組織づくりや役割の自覚
ウ　学校における多様な集団の生活の向上	ウ　学校における多様な集団の生活の向上
(2) 日常の生活や学習への適応と自己の成長及び健康安全	(2) 日常の生活や学習への適応と自己の成長及び健康安全
ア　基本的な生活習慣の形成	ア　自他の個性の理解と尊重，よりよい人間関係の形成
イ　よりよい人間関係の形成	イ　男女相互の理解と協力
ウ　心身ともに健康で安全な生活態度の形成	ウ　思春期の不安や悩みの解決，性的な発達への対応
エ　食育の観点を踏まえた学校給食と望ましい食習慣の形成	エ　心身ともに健康で安全な生活態度や習慣の形成
	オ　食育の観点を踏まえた学校給食と望ましい食習慣の形成
(3) 一人一人のキャリア形成と自己実現	(3) 一人一人のキャリア形成と自己実現
ア　現在や将来に希望や目標をもって生きる意欲や態度の形成	ア　社会生活，職業生活との接続を踏まえた主体的な学習態度の形成と学校図書館等の活用
イ　社会参画意識の醸成や働くことの意義の理解	イ　社会参画意識の醸成や勤労観・職業観の形成
ウ　主体的な学習態度の形成と学校図書館等の活用	ウ　主体的な進路の選択と将来設計

出典：文部科学省　2017　小学校，中学校学習指導要領解説　特別活動

されている。その背景には，子どもたちの社会参画の意識の低さが問題であると指摘され，自治的能力を育むことをこれまで以上に求めていると考えられる。なお，この領域では，子どもたちが活動を記録し蓄積する教材等の活用，例えば，学びのプロセスを記述し振り返るポートフォリオ的な教材（「キャリア・パスポート（仮称）」）の作成を求めており，教育方法や教材活用の工夫が指摘されている。

第8章　学級活動・ホームルーム活動とは

　学級活動の内容はいずれの学年においても取り扱う。その際，小学校では子どもの発達の違いに考慮し，次のように示されている。

○**第1学年と第2学年**：「話合いの進め方に沿って，自分の意見を発表したり，他者の意見をよく聞いたりして，合意形成して実践することのよさを理解すること。基本的な生活習慣や，約束やきまりを守ることの大切さを理解して行動し，生活をよくするための目標を決めて実行すること」

○**第3学年と第4学年**：「理由を明確にして考えを伝えたり，自分と異なる意見も受け入れたりしながら，集団としての目標や活動内容について合意形成を図り，実践すること。自分のよさや役割を自覚し，よく考えて行動するなど節度ある生活を送ること」

○**第5学年と第6学年**：「相手の思いを受け止めて聞いたり，相手の立場や考え方を理解したりして，多様な意見のよさを積極的に生かして合意形成を図り，実践すること。高い目標をもって粘り強く努力し，自他のよさを伸ばし合うようにすること」

　2017年版学習指導要領の学級活動の内容が3つの領域であることは，旧学習指導要領と同じである。違いは，内容項目が精選されていることである。これは，内容項目が多いことが，子どもが学級の課題を見いだして解決に向けて話し合う活動が深まらない要因となっているとの反省からである。

第4節　小・中学校における学級活動の指導計画

　学級活動の指導計画は，「各学校においては特別活動の全体計画や各活動及び学校行事の年間指導計画を作成すること。その際，学校の創意工夫を生かし，学級や学校，地域の実態，児童（生徒）の発達の段階などを考慮するとともに，第2に示す内容相互及び各教科，道徳科，外国語活動，総合的な学習の時間等の指導との関連を図り，児童（生徒）による自主的，実践的な活動が助長されるようにすること。また，家庭や地域の人々との連携，社会教育施設等の活用などを工夫すること」と示されている。（小学校学習指導要領第6章第3－1－(2)，中学校学習指導要領第5章第3－1－(2)）

第4節　小・中学校における学級活動の指導計画

　学級活動の指導計画は，小・中学校における子どもたちの発達に配慮して，解説内容が異なる。以下では，小・中学校の共通点を整理して説明する。

（1）子どもの自主的，実践的な活動が助長されるようにする

　学級活動は，活動のねらいにそって行われる子どもたちの自主的，実践的な活動である。特別活動の全体計画や目標を踏まえ，学級や学校の実態や子どもの発達段階などを考慮し，学級経営との関連を図りながら展開することが必要である。その際には，可能な限り子どもたち自らの発案，創意を大切にして，活動計画の作成や実践を進めていくことが求められる。

　教育的な効果を高めるためには，学級の実態に即した組織を設け，子ども一人一人が役割を分担し，活動計画を立てて活動する機会を豊富に用意する。特に中学生は自主独立の要求が高まることから，子どもの自発的，自治的な活動をできるだけ尊重し，子どもたちが自らの力で組織をつくり，活動計画を立て，協力し合って望ましい集団活動を行うように導く。しかし，子どもの自主性が高まるとはいえ，生活体験や社会体験もまだ十分でなく，自分の考えにも十分な自信がもてない時期でもあるため，教師の適切な指導や個別的な援助などが必要である。そのため，子どもの心情をよく理解するとともに，指導のあり方の工夫に努めることが大切である。

（2）内容相互，各教科，道徳科及び総合的な学習の時間などの指導との関連を図る

　教育効果を高める観点から，特別活動の学級活動とほかの教育活動との関連を図ることが大切である。学習要領解説では「各教科，道徳科，総合的な学習の時間及び特別活動の学習活動は，それぞれ独自の教育的意義をもちながらも相互に関連し合って，全体として学校の教育目標の達成を目指すものである」，「児童（生徒）にどのような資質・能力を育むかを明確にし，それを育む上で効果的な学習内容や活動を組み立て，各教科等における学びと関連付けていくことが不可欠である」と示されている。

　例えば，学級活動における話合い活動の充実のために，国語科や社会科などの各教科等での学習を生かすことが必要である。一方，「(2)　ウ　心身ともに健康で安全な生活態度（や習慣）の形成」や「(2)　エ　食育の観点を

95

踏まえた学校給食と望ましい食習慣の形成」は体育科や家庭科など,「(3)
ウ 主体的な学習態度の形成と学校図書館等の活用」は国語科や総合的な学
習の時間などと関連を図って指導することが必要である。

(3) 家庭や地域の人々との連携などを工夫する

　学級活動では,家庭や地域などとの連携・協力が重要であり,家庭や地域
の人々との連携,社会教育施設の活用などを工夫した指導計画の作成が求め
られる。具体的には,楽しく豊かな学級や学校の生活づくりや健全な生活態
度を育成する活動,キャリア形成の活動を効果的に展開するために,個々の
家庭の状況に配慮したり,家庭での指導との連携を図ったり,地域の人材,
施設を活用したりすることである。

　特に,「(3) 一人一人のキャリア形成と自己実現」については,子どもた
ちに社会や職業との関連を意識させる学習であり,地域との連携が不可欠で
ある。子どもの家庭や地域での生活との関連が深く,家庭や地域の人々と連
携・協力することによって,より効果的な学級活動を展開していくことが可
能となる。例えば,保護者や企業,NPOなどの協力を得ることが考えられ
る。内容によっては防災や労働,保健や医療などにかかわる公的機関,大学
などの専門機関との連携も想定される。なお,家庭や地域の人々との連携に
あたっては,子ども本人や家族などの個人情報やプライバシーなどに十分留
意する必要がある。

(4) 年間指導計画の作成と学級活動に充てる授業時数

　小学校では6年間,中学校では3年間の子どもたちの発達を見通して,各
学年の年間指導計画を作成して,系統立てた計画的な指導を行う。さらに,
各学年の年間指導計画に基づいた学級ごとの年間指導計画も必要である。そ
の際は,前述したように,学級の実態に即した計画づくりが大切である。ま
た,学級活動が,子どもたちの学校生活における学習や生活の基盤である学
級を単位として展開されることから,学級経営や学年経営との連携を図って
作成される必要がある。

　学級活動は,小学校の第1学年は34単位,第2学年から第6学年は35単
位,中学校は35単位と示されている。また,少なくとも年間35週以上に

わたって毎週実施することが基本である。これは学級活動が子どもたちの継続的な活動を促進するうえで必要であることや，教育活動全般の充実に資する活動だからである。特に，中学校では，教科担任制のために学級担任が不断に子どもと接してはいないので，両者の信頼関係を築くことの必要性に鑑みてのことである。

なお，いわゆる「朝の会」や「帰りの会」は，学級活動とは区別されており，授業時数には含まれない。また，給食の時間における指導は，学級活動の内容にかかわっているものの，学級活動の時間には含まないことが指摘されている。

第5節　高等学校のホームルーム活動

小・中学校の「学級活動」を，高等学校では「ホームルーム活動」という。おもな目標は小・中学校と同一である。したがって，高等学校でも，今後の変化の激しい複雑化した社会を生き抜く力を身につけるために，「人間関係形成」「社会参画」「自己実現」の3つの視点を重視しながら「ホームルーム活動」を充実させることが求められる。

今日，進学率の向上に伴う多様な生徒の受け入れのために高等学校も多様化しており，ひと括りにして現状を分析したり課題を捉えたりすることは困難である。その一方，高等学校の卒業時には18歳であることから，社会人としての意識や態度を育むとともに，人間としてのあり方・生き方への自覚を深め，豊かな人間性を育むことが必要である。しかし，高等学校では，小・中学校と比べると，「話合い活動」が十分には行われていない。その理由は，生徒会活動や学校行事に多くの時間を費やさなければならず，学級の問題を見つけて解決するために話合いをする認識が低いからである。

最後に，「小1プロブレム」「中1ギャップ」という問題がある。それはおもに学校接続時の集団適応にかかわるが，広い学区や多数の中学校から入学してくる高等学校においても集団適応の問題がある。入学期の集団適応を高めるホームルーム活動の取り組みが求められているのである。

第9章

学級活動の指導の実際

第1節　小学校学級活動／学級会

（1）目的：学級会「どうすれば係活動が活発になるか」（小学5年）

　学級のなかの問題についてみんなで話し合って解決する活動を通し，望ましい人間関係や社会参画の態度を育てる。また違いや多様性を越えて，「合意形成をする力」の育成を図る。提案や話合いの進行に対する事前の指導はていねいに行うが，学級会では子どもの話合いを見守ることが基本になる。適切なタイミングで指導・助言を行いながら，子どもたちが自分たちでよりよい決定ができるようにする。実践でも，基本的には間接指導により，自主的に活動できるように助言する。

（2）活動内容（指導時期は6月）

①**問題の発見**：議題の提案へつながる子どもの思いをくみ取り，助言することで，問題を発見する視点を伝える。

> **児童**「みんなの役に立とうとがんばって活動している係と，何をしてるのかわからないような係があるよ。みんな，どう思ってるのかな」

> **教師**「なるほどね。その気持ちを書いて意見箱に提案してごらん」

> 【議題の集め方】子どもの何気ないつぶやきから／意見箱への提案から／朝の会や帰りの会で，話題になったものから／係活動や当番活動の感想から／児童会から依頼されたこと，または学級から児童会に提案したいこと

②**議題の決定**：企画委員会が中心となって，取り上げる議題を選ぶ。自主性を育成するといっても，提案にあたっては，教師がその選定にかかわり，

適切な議題となるよう導く必要がある。＊企画委員は順に全員が経験する

教師「学級の全員に関係があって，いま話し合うべき議題はどれかな」

児童「今回は『みんなの役に立つ係活動をしよう』がいいんじゃないかな」

【学級会で取り上げてはいけない議題】個人情報やプライバシーにかかわること（例：個人情報の公開）／相手を傷つけるような結果が予想されること（例：個人を責める内容，人権にかかわる内容）／教育課程にかかわること（例：時間割の変更，学級単独での遠足）／校内のきまりや施設・設備の利用にかかわること（例：ゲーム機の使用，菓子の飲食）／金銭徴収にかかわること（例：プレゼント代の集金）／健康・安全にかかわること（例：危険が予想される内容のゲーム）

---

③**提案理由をつくる**：企画委員会では，提案者の思いを生かして提案理由を明確にする。また学級会で話し合うこと（話合いの柱）を決め，話合いの焦点をしぼる。役割分担や進め方を確認しておくことも大切である。

教師「全員で話し合う必要があるのは，どのようなことでしょう」

児童「学級会では，どうすれば係活動が活発になるかについて話し合おう」

④**提案理由に入れる内容**

〇現状の問題点（いま，こうなってしまっている）

〇考えられる問題解決の方法（こうすることで）

〇解決後のイメージ（こうしたい，こうなりたい）

【提案理由】みんなの役に立とうとがんばって活動している係と，あまり活動をしていない係があります。せっかく自分たちでやりたい係を決めたのだから，どの係もクラスのためになる活動を，より活発にできるようにしたいと思って提案しました。

---

⑤**話合いの柱を決める**：45分間かけて話し合う価値のある内容にする。基本的には，内容（何をするのか），方法（どのようにするか），役割や分担はどうするか（だれがするのか）の3つの大きな課題を話し合う（議題によってはさらにしぼって話し合うことも考えられる）。議題や柱が決まったら，事前に学級全体に知らせておく。

（3）留意すべき点

①あらかじめ話合いのルールは決めておく。人権を侵害するような発言があったときや話合いが混乱したとき，提案理由や話合いのめあてからそれたときなどは，その場でタイミングを逃さずに指導・助言を行う。

第９章　学級活動の指導の実際

図９−①　小学校学級会の議事次第（例）

11:30　　　　11:20　　　　　11:00　　　　10:50

第四回　学級会　六月五日

議題　どうすれば係活動が活発になるか
提案理由　活動の仕方に差があるから
話合いのめあて　建設的な意見を出そう

話し合うこと　①係活動を盛り上げるアイディア
★活動の報告会をする　正
点検をする　正
メンバーで声をかけあう　下

話し合うこと　②いつ、どのように行うか
★金曜日の帰りの会で代表が報告　正
月曜日の朝の会で代表が報告　下

決まったこと　・活動の報告会をする
・金曜日の帰りの会で代表が報告
・係ごとに振り返りをして報告

②教師は，司会の子どもだけではなく，全員に対して助言し，学級全体の話合いの力が高まるようにする。

③発達段階に応じて，子どもに任せるところと教師がかかわる度合いを調整する。

第２節　小学校学級活動／学年オリエンテーション

（1）目的：「最上級生になって～目標を決めよう」（小学６年）

　自分たちで目標を定め，振り返りと改善を繰り返しながら達成を目指すことで集団も個人もよりよく成長させたい。新学年への期待や不安が折り重なる年度当初は特に大事である。子どもたちが，目指す学級像について話し合い，これをもとに各自が自分の目標を決めて，集団として，また個人として努力しながら前向きに取り組めるようにすることは，子どもたちの大きな成長につながる。

第2節　小学校学級活動／学年オリエンテーション

（2）活動内容（指導時期　4月）

①**学年教師の思いを伝える**：その学年を担任するにあたって，同学年の教師で話し合い，どのような子どもたちを目指すのか，どのような力をつけたいのかについて，十分に認識を共有しておくことが大切である。学年開きの際には，6年生でのおもな行事，役割を知らせるとともに，「先生たちが望む最上級生像」を箇条書きにして子どもに示し，理由とともに教師の思いを語る。

②**子どもたちの思いを集約する**：子どもに「楽しみなこと」「心配なこと」「どんな学級にしたいか」「どんな最上級生になりたいか」「私たちに足りないところ」「私たちのよいところ」などのアンケートをとり，結果を見える形で集約しておく。その場でほとんどの子どもが発言できる良好な学級状態であれば，アンケートでなく発言を集約してもよい。

（3）学級目標を決める（1時間）

③**6年生での期待や不安について話し合う**：アンケートの結果（楽しみなこと・心配なこと）をもとに，「期待や不安」について話し合う。「自分だけじゃなかった，みんな同じように感じているんだ」という思いを全体で共有する。その後で，教師は，不安を軽減し期待を大きくさせるように，6年生の行事や学習，最上級生としての心構えなどについて話す。

④**私たちが目指す学級像について話し合う**：「先生たちが望む最上級生像」と，「どんな学級にしたいか」「どんな最上級生になりたいか」「私たちに足りないところ」「私たちのよいところ」のアンケート結果を併せて，学級目標を考えさせる。ペアや小グループでの交流後に全体で話し合う。

⑤**学級目標を決める**：目標は5つ以内にするなど，覚えられる数にする。決めたいくつかの目標を包含するイメージをみんなで考え，学級スローガンを設定する。

学級目標（例）　　いつもお手本　6年1組（スローガン）
・真剣に取り組み，自分の力を向上させよう ・全体のこと，先のことを考えて行動しよう ・下の学年のあこがれの存在になろう ・言われる前に，進んではたらこう

101

(4) 自分の目標を決める（1時間）

⑥**よりよい学級生活や学習にするための自分の目標を決める**：学級目標や「私たちのよいところ」「私たちに足りないところ」のアンケート結果を再度提示し、子どもが自ら努力する目標を自己決定できるようにする。

⑦**自分に足りないところ、自分のよいところについて考える**：ワークシートを準備して自分の課題と強みについて考えさせ、「生活に関すること」「学習に関すること」「学級や学校など、全体への貢献に関すること」の3つについて、自分の目標を決めさせる。

⑧**小グループでの交流**：4人程度のグループで、自分の目標を伝え合い、感じたことを交流させる。グループでの交流を経て、自分の目標を修正する時間をとる。自分の目標をカードに書かせ、学級内に掲示する。

⑨**目標とその理由を発表する**：朝の会で2人ずつ順番に発表させる。学級全体で拍手を送り、担任教師は励ましのコメントを添える。

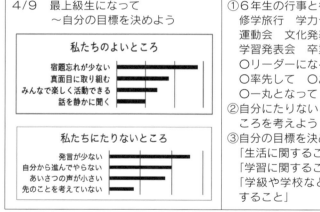

(5) 留意すべき点

①進級した新しい環境への不安は、共有することで安心感につながる。新しい1年間への見通し、期待と意欲をもたせることができるように展開する。

②個人の目標設定は、集団の目標とつながっているので、個々の問題としてではなく、集団の目標も合わせて考えられるように展開する。

③目標が決めっぱなしにならないよう、定期的に振り返りの時間を設定する。

第3節　中学校学級活動／クラス会議

第3節　中学校学級活動／クラス会議

(1) 目的と活動内容：クラス会議「よりよい学級生活のために」（中学2年）

　4月から新しいメンバーで始める学級集団は，授業や行事などを通しながら，時間とともに変化していく。そこで子どもから定期的に学級生活での問題やいま，気になっていることを取り上げ，クラス全員で話し合い，解決に向けて合意形成を図る。このクラス会議は定期的に行うことで，話合いの進め方や協働のあり方をより深く学ぶとともに特別活動で求められる資質・能力を高めることを目的としている。

表9-②　活動内容

事前の活動	**(1) 問題の発見・確認** ①2週間に1回程度，クラス会議の題材を決めるため，子どもに現在，学級生活で困っていることや，いま自分が気になっていることを紙に書いてもらい，回収する。 ②学級委員などのメンバーで話し合いたいテーマを決定する。
本時の活動	**(2) 解決方法などの話合い** ③司会者（学級委員など）から本時のテーマ，およびねらいなどを伝える。 ④はじめにワークシートを配り，各自，テーマに関する自分の考えを記入する（活動前にテーマを伝えておくと効果的）。 ⑤4人程度のグループになり，テーマについてそれぞれ話し合う。その際，グループ内で司会，記録，発表などの役割を決める。 ⑥各グループでどのような話合いになったのか，学級で発表する（黒板や画用紙のような大きな紙を使って内容を記入させる）。 ⑦各グループの発表後，全員でそのテーマについてさらに話し合う。 **(3) 解決方法の決定** ⑧司会者がこの時間のまとめを行う。結論が出ない場合は，「次回（あるいは放課後等）引き続き話をする」「ここでの『問い』を共有して後日機会があったら話をする」など，集団としての考えをまとめ，合意形成を図る。 ⑨本時の活動内容について各自，振り返りを行う。
事後の活動	**(4) 決めたことの実践** ⑩決定したことについて，役割を決め，協働して取り組む。 **(5) 振り返り** ⑪話合いや実践，結果を振り返り，意識化を図るとともに，次の課題解決に向けての改善点を見つけたり，新たな課題を意識したりする。実践が長期にわたる場合は定期的に振り返りを行う。

第9章　学級活動の指導の実際

（2）留意すべき点

①本来，クラス会議は車座になり，初めに子どもたち同士のコンプリメント（賞賛）と感謝の言葉を伝えた後で始める。今回は小グループでの話合いから始めたが，ある程度クラス会議に慣れてきたら，車座になり，話合いの前にコンプリメントを入ることをおすすめする（コンプリメントや感謝の言葉を入れることで話合いの場をより安心・安全の場にすることができる）。

②クラス会議を進めるうえでの注意点としては，○子どもたちの問題意識やニーズにそったものを取り上げる，○子どもたちの発達段階や学級の状態などに基づく活動を行う，○心理的ダメージが少ない活動を行うなどがある。なお，「人の話に耳を傾ける」「話の途中で遮らない」など，話合いのルールはあらかじめ決めておく。

③クラス会議をすると，ときに悪者探しになることがある。そのときは，個人の攻撃ではなく，なぜそうしてしまうのか，クラスみんながよりよい生活を送れるようにするためにはどうすればいいのか，どのような協力や援助ができるのかについて話し合う。

④教師もクラスメンバーの一人であるので，教師としての意見を伝えることもときに必要となる

⑤クラス会議は内容によっては意見を出し合うだけで終わるが，合意形成が必要な場合は，安易に多数決で決めたり，教師や影響力の大きい子どもの意見に流されたりすることがないように，教師は助言指導する必要がある。

第3節　中学校学級活動／クラス会議

表9－③　クラス会議のテーマ（例）

	クラス会議のテーマ	実施内容の説明
4/18	「現在のクラスの問題」	現在，各自が感じているクラスの問題について自由に話し合う。
5/9	「理想的な運動会とは」	5月末に行われる運動会に向けてクラスの「DO/HAVE/BE」を話し合う。
5/23	「自分の勉強法」（ブレーンストーミング）	効果的だと思う勉強法やこれからやりたいと思う勉強法を出し合う。
6/6	「何のために学校に来ているのか」	「なぜ学校に来ているかわからない」という意見をもとに，学校に来る意味を話し合う。
6/20	「文武両道のために」	文武両道を達成するためにはどうすればいいか意見を出し，解決策を話し合う。
7/4	「清掃の進め方について」	「ある生徒が清掃をしない」という意見をもとに，清掃の意味や進め方について話し合う。
7/18	グループワーク「ブレーンストーミング：夏休みの過ごし方」	夏休みを充実させるためにどうすればいいのかについて話し合う。

表9－④　クラス会議ワークシート

クラス会議ワークシート

2年　　組　名前

テーマ：

1．このテーマについてあなたが感じていることを自由に書いてください。

2．グループやクラスでの話し合いをして感じたことを記入してください。

105

第9章　学級活動の指導の実際

第4節　中学校学級活動／キャリア教育

（1）目的：自分に合った職業をさがそう（中学1年）

　現在，キャリア教育の重要性が取り上げられ，汎用的な資質・能力の育成とともに早い段階から自分が将来働く姿をイメージさせることが大切になっている。実際に，約8割の中学生が，職業に関する調べ学習をしているそうである。そこで自分や友達の長所・個性からどのような職業が向いているのかを考えることで互いのよさを知るとともに，将来の職業について考えたり，自分の長所を伸ばすためにできることを考える機会にする。

（2）活動内容

表9-⑤　キャリア教育の活動内容（例）

事前の活動	1）問題の発見・確認
	①世の中にどのような仕事があるのか，一人10個程度調べてくる。その際，多くの職業をあげてもらうために，保護者などに尋ねてくる。
本時の活動	2）解決方法などの話合い
	②4人程度のグループに分かれて，各自調べてきた職業を発表し，そのなかから10個程度選び，黒板に記入する。 ③黒板に書いてある職業を参考にして，自分や友達にふさわしいと思う職業をワークシートに記入する。そのとき，なぜふさわしいと思ったのかについても記入する。 ④それぞれ自分が記入した内容をグループ内で発表する。
	3）解決方法の決定
	⑤④の活動を行っての感想と，将来自分にふさわしい職業を見つけたり，自分の長所を伸ばすために明日からできることを記入する。 ⑥⑤の内容を互いに発表し合う。 ⑦各グループでどのような話合いがされたのか，発表する。 ※各グループの発表の後，最後に教師から感想を伝え，全員に対して励ましの言葉をかける。
事後の活動	4）決めたことの実践
	⑧各自，将来自分にふさわしい職業を考えたり，自分の長所を伸ばすためにできることを実践する。
	5）振り返り
	⑨後日，（職業体験などのキャリア教育を実施するなどに）このとき書いたワークシートを再度配布し，自分の実践について振り返る。

第4節　中学校学級活動／キャリア教育

表9-⑥　ワークシート（例）

「自分に合った職業を探そう」ワークシート

1年　　組　名前

1．自分が将来やってみたい職業3つを記入し，それを選んだ理由を記入してください。また，グループメンバーにふさわしいと思う職業についても1つ選び，その理由を記入してください。

	自分が選んだ		メンバーに選んだ	
	職業	選んだ理由	職業	選んだ理由
自分				
メンバー1　　さん				
メンバー2　　さん				
メンバー3　　さん				

参考資料　職業や選んだ理由を書く際，参考にしてください。

職業の分野
機械，電気，化学，建築，不動産，医療，生命，情報，コンピューター，自然，生物，交通，運輸，教育，研究，福祉，調理，栄養，美容，会社，スポーツ，語学，旅行，サービス，マスコミ，デザイン，芸能，職人

選んだ理由
器用，リーダーシップがある，責任感がある，仕事がていねい，人のために働く，チャレンジ精神がある，堂々としている，コツコツがんばれる，人とかかわるのが好き，モノづくりが得意，アイデアが豊富，運動が得意，勉強ができる，親切，説明がうまい，冷静な判断ができる，動物や生き物が好き，気配りができる，社交的，しっかりしている，体力がある，公平に人に接する，明るい，思いやりがある，ユーモアがある，教えるのがうまい，人に親切，深く考えている，人の役に立つのが好き，人に喜んでもらうのが好き，小さい子どもが好き，語学が得意

2．グループやクラスでの話合いをして感じたことを記入してください。

3．将来，自分にふさわしい職業を見つけるために明日から（近い将来）何ができると思いますか？

4．自分の長所を伸ばしたり，個性を磨くために明日から（近い将来）何ができると思いますか？

実践の振り返り
　3と4の実践を振り返っての感想（または3と4を書いたときといまの自分との違いなど）を記入してください。

（この欄は後日記入してもらいます。）

107

第9章　学級活動の指導の実際

(3) 留意すべき点

①グループメンバーにふさわしい職業がうまく見つからないときは，相手の
　長所だけでも記入するように伝える。

②いろいろな職業を知るだけではなく，この活動で自分やクラスメイトのよ
　さの発見，および他者から見た自分自身のよさや個性を知る機会にする。

③子どもだけでは多くの職業があがらない可能性もあるので，教師の方でも
　いくつか紹介できるように準備をしておく。

④ただのイベントに終わらないようにするために，ここでの話合いをきっか
　けに今後のキャリア形成に向けて何ができるのかを考え，実践につながる
　きっかけにする。また，この活動は職業体験を行う際，その意味やねらい
　を理解するための事前指導にすることもできる。

第5節　荒れの見られる集団で行う学級活動の指導のポイント

(1) 集団活動から子どもたちが獲得するもの

　集団活動のなかで生じる子どもたちの相互作用によって形づくられた体験
から，子どもたちはいろいろな資質・能力を獲得する。ただし，「朱に交わ
れば赤くなる」というように，人はつき合う人や所属する集団のよし悪しに
よって善悪どちらにも感化される。

　荒れが見られる状態の学級集団で集団活動が行われる場合，子どもたちに
期待される資質・能力が身につかない可能性が高いだけでなく，逆に，攻撃
性が高まったり，競争関係にある他者にずるしてでも勝つための操作や策略
の方法など非建設的な方法論をもつようになることが少なくない。

　また，特別活動で期待される集団活動はその主旨からも，子どもたちが教
師の指示で動かされているのではなく，自主的，主体的に取り組むことが必
要である。主体的な体験活動から得られる学びが，子どもたちの自律性や自
主性，社会性や責任感と協力的態度，実践的能力を育成するのである。

　そのためには，

　①望ましい学級集団の状態

②建設的な相互作用となるような集団活動の展開

③自律性支援的な教師の指導行動

の３つの条件を満たすことが前提条件となる。

しかし，教育現場では，担任する学級集団の状態がどのようであろうとも，教育課程で定められた授業や特別活動を，教師は時間どおりに進めていかなければならない面がある。つまり，３つの前提条件の達成が十分でなくとも現状のなかで進めていかなければならない場面に遭遇するのである。

（2）荒れの見られる学級集団で活動を展開する前に押さえておくこと

例えばＱ－Ｕを実施して，「不安定な要素をもった／荒れの見られる学級集団」（第５章第８節参照）という所見がある状態は，学級全体で子どもたちが集団活動する際のルールの共有度・確立度が低く，かつ，学級内で子どもたちがかかわる基盤となる人間関係・リレーションの確立度が低い状態である。

このような状態で，集団状態が平均的な学級にマッチした展開方法で集団活動を進めたら，教室に次のような状況が現出してしまいがちである。

○私語，勝手な行動，妨害行動が生起し，集団活動が成立しない

○防衛的な風土のなかで，人間関係の軋轢や対立が表面化してしまう

つまり，学級集団に荒れが見られるなかで集団活動を展開するためには，ゼロから取り組んでいく方法ではなく，マイナスからスタートする方法をとる必要がある。現状のマイナス面が相互作用して拡大しないようにするために，②と③にひと工夫しながら展開することが不可欠である。まずは荒れた状態の学級集団に見合った展開からスタートしていくのである。ポイントは，次の２点である。

○マイナス面の内容が表面化しないように，事前に具体的な対応を施す

○放置すれば，子どもたちがマイナスの行動や態度にいたってしまう環境をつくらないようにする

このような対応のなかで子どもたちを無理なく活動させながら，少しずつマイナスと感じられる面を克服できるように，子どもたちに指導していくのである。その要点を，河村（2002）を参考に以下に解説していく。

第9章　学級活動の指導の実際

（3）マイナス面が拡大しないような集団活動の展開のポイント

　荒れの見られる学級集団において行う集団活動で，少しでも多くの学びが得られるように，展開において，次の2点についての工夫が求められる。

①学級内のルールの確立度の低さを前提とした展開にする

　学級集団や集団活動の目標の意義の理解が低い，取り組む面白さがわからない，個人的なマナーが身についていない，集団生活や集団で活動するための基本的なルールを知らないため，私語，勝手な行動，妨害行動が起きるのである。

　具体的には，次のような工夫が求められる。

　○活動する際には，最低限のルールを事前に必ず確認する

　○活動する際には，ルール違反しそうな内容について，事前に具体的な例をあげて注意を促す

　○活動中，知らないでルール違反をしている子どもには，叱責しないで，ルールを教える

　○マナーやルールについて常日ごろから説明し，意識性を高める

　○活動内容の振り返りで，対人関係や集団生活のルールについても言及させる

　○取り組む前に，見通しや，やることの効果・意味，課題の面白みを説明する

　○取り組ませる課題は，従来よりも短い時間で終了するように設定する

　○最初は，容易な課題から取り組ませ，難易度を上げていく

　○ICTを活用し，興味をもてるような展開にする

②学級内のリレーションの確立度の低さを前提とした展開にする

　荒れの見られる学級集団は防衛的風土が強い。失敗を周りの子どもにバカにされるのが怖い，負ける形になるのが嫌だ，集団活動の楽しさの見通しがもてない，だから自主的に取り組もうとしないのである。さらに，不安を軽減するために閉じた小グループを形成して気の合った仲間とだけくっついている，対人関係に距離をとる（かかわらないことで傷つくのを防衛する），同調的になったり，逆に攻撃的になったりするのである。

110

第5節　荒れの見られる集団で行う学級活動の指導のポイント

　このような風土の学級では，集団活動が低調になり，白けた雰囲気になったり，逆に，トラブルが多発して騒々しい雰囲気になってしまったりする。それを予防するために，次のような工夫が求められる。

　○課題に取り組ませるときには，これならできそうだと思えるレベルから，やり方をくわしく具体的に説明してから取り組ませる

　○匿名性が発生するような規模にしない，少人数で展開していく

　○集団活動のなかに，自然と人とかかわれる展開を意図的に盛り込む

　○取り組むときに，人を傷つけるような言い方をしないように，事前に，話し方・聞き方の基本を説明してから取り組ませる

　○集団活動させるときには，一人一人の個人の役割，責任を事前に明確にしておく

　○グループの討論などでは，話し方・聞き方のモデルを例としてあげておく

　○グループで楽しい体験を共有できるように，レクリエーション的な取り組みを定期的に実施する

　○うまくできなかったときにどうするのかという対処策，または逃げ道を用意しておく

　○活動の最後に，個人のがんばりを認め合う場面を設定する

　○振り返りを節目ごとにこまめに行い，一人一人の考えや思いを発表し合う場面を設定し，不安定な雰囲気をつくらない

　○学級活動の時間にソーシャルスキルを理解させ，人の心を察する視点を教える

（4）マイナス面が拡大しないような教師の指導行動のポイント

　荒れの見られる学級集団では，子どもたちが自主的に行動できない，自由にさせると遊んでしまう，だから教師が厳しく統制的に指導する。しかし，これでは集団活動の意義から考えると本末転倒である。そのような「やらされた活動」から子どもたちが学ぶのは，おもに支配服従の原理であったり，面従腹背の要領，裏面交流の仕方かもしれないのである。

　学校教育の目標は，子どもたちが自分の人生を主体的・建設的に生きるた

111

第9章　学級活動の指導の実際

めの資質・能力の育成であり，そのためには教師も学習者の視点に立ち，学習者自身の選択や自発性を促す自律性支援的な指導行動が必要である。学級集団が荒れている状況で，教師が統制的な指導行動をとって子どもたちに無理に行動することを強いるのではなく，現状でできるレベルや場面を吟味しながら，活動場面を構成して，自主的活動を促していく。求める行動や態度には明確に枠を示し，その枠のなかで多様な活動方法を用意して，子どもたちに選択させて取り組ませていくのである。

　荒れた学級集団で集団活動をする際の，教師の自律性支援的な指導行動の構成のポイントを，河村（2018）をもとに以下に示す。

①不適切な行動を指摘して指導するのではなく，望ましい行動を示し，子どもたちがそれを達成できるように支援していく

②暗黙のルール，曖昧な表現，遠回しな表現をさけ，期待される行動の仕方を具体的に明確に指示する

③マイナスの相互作用の生起を予見して，それを予防する手立てを用意しておく

④ポジティブにリフレーミング（＊注）した言葉がけをする

以上のポイントを押さえた教師の指導行動は，支持的学級風土の形成を促していくだろう。集団活動の相互作用を建設的なものに方向づけていくことで，学級集団が育ち，学級内の人間関係が向上し，子どもたち個々の学びが深まっていくのである。

　教師は学級集団の状態に合わせて，集団活動の，展開の仕方，時間，内容とレベル，活動集団の大きさ，評価の仕方など，柔軟に実施することが求められる。ポイントは，学級集団の状態が悪くなってくると，段階的に「短く・低く・小さく」が基本になり，教師の対応はより親和的に，個別配慮が多く必要になるのである。

（＊注）リフレーミングとは，ある枠組み（フレーム）で捉えられている物事に対して，その枠組みを形づくっている価値観や意味づけを変え，異なる見方で捉え直すことである。優柔不断な人⇒慎重な人，という具合である。

112

KJ法による整理の仕方

KJ法とは

　多彩なアイデアの絞り込みを行う収束技法の1つが,「KJ法」である（KJとは考案者である川喜多二郎のイニシャル）。

　ブレーンストーミング（あるテーマに対し，参加者が自由に考えを述べ，多彩なアイデアを産出する会議法）などによって抽出された，多様で，一見してあまり関連性が見られないようなバラバラな情報や考えを，グルーピングして整理し，それを俯瞰することで，そこから新たな着想やアイデアを得るための手法である。KJ法の展開は，次の4つのステップで行う。

KJ法の展開の仕方

①**カードの記入**：あるテーマに対して，参加者は自分の考えを自由にカードに記入する。1枚のカードには，1つの考えを書き，それを大きなテーブルなどに並べていく。

②**グルーピング**：考えや意味が近いカードを重ねていき，2〜3枚ごとの小グループにまとめ，そのまとまりに小グループ全体を表すタイトルをつける。さらに，考えや意味が近い小グループを中グループにまとめ，そのまとまりに中グループ全体を表すタイトルをつける。さらに同様にして，最終的に3〜4程度の大グループにまとめ，その上にタイトルをつける。

③**図解化**：大グループの相互の関連性（相関関係，因果関係，類似関係，相反関係など）を検討し，その結果を図解化する。

④**文章化**：図解化されたものを，だれでもわかる形で文章化する。これが新たなアイデアそのもの，もしくは新たなアイデアのきっかけとなる。

参考文献

川喜田二郎　1967　発想法（中公新書）　中央公論新社

話合い活動のルールと発言

話合い活動の効果が高まるように構成する

　話合い活動は，形だけ展開されても「対話的な学び」とはならない。教師は話合い活動の展開の仕方，時間，内容とレベル，活動グループの大きさなどを学級集団の状態や子どもたちの実態に合わせて活動場面を構成して，柔軟に実施することが求められる。

　そして，話合い活動はフラットにフランクに展開されることが大事なので，人の考えや意見をバカにしない，批判しないなどの話合い活動のルールや，話し方の雛型などを設定することも必要な構成である。

　教師は，子どもたちが協働活動に慣れていない段階や，学級集団の状態が悪い場合は構成度を強く提示し，人間関係形成の深まりや学級集団の発達過程の向上にしたがって，徐々にその強さを弱めていくのである。

　以下に，話合い活動のルールや話し方の雛型を説明する。

話合い活動のルール

　話合い活動に参加している子どもたちに，不安が少なく，かつ他者を傷つけない，建設的な相互作用が生起するように，以下のような話合い活動をする際のルールが，全員に共有されていることを求められる。

　〇人の話は，途中でさえぎることなく，最後まで静かに聴く
　〇勝手に話し始めず，発言するときは手をあげ，指名されてから自分の意見を述べる
　〇発言するときは，全員に聞こえる大きさの声ではっきり話す
　〇自主的に考え，自分の考えをしっかり発言する（話し方の雛型を学習させる）
　〇他者の意見に反対しても，その人の人格は否定しない
　〇話合い活動の雰囲気をこわす言葉づかい，ヤジを禁止する
　　（例）　バカじゃねー，ムカツク，ウザー，など
　〇（全体に発言しないで）近くの人とヒソヒソ話をしない
　〇全体で決まったことは守る

話合い活動での発言の雛型

　「積極的に発言しなさい」といくら子どもたちに促しても，なかなか発言は出ないものである。多くの場合，うまく発言できないことを周りの子どもたちにバカにされるのが怖い，という不安感があるからである。そこで，発言の雛型にそって発言させ，発言することに慣れさせることが第一歩である。

　また，人は自分の意見に反対されたことで，自分自身が否定されたように感じてしまうことが多い。その辺の感情を理解させるとともに，そのような感情に配慮した，質問する形での発言の仕方を身につけさせることが求められるのである。

　以下に，子どもたちに学習させたい発言の雛型を例示する。

①自分の意見を率先して発言するための雛形

　「私は〇〇だと思います。その理由は〜だからです」

　　自分の考えをまず述べ，次にその理由を簡潔に述べるのである。考えの主張は，「Ｉメッセージ」である。それは「私（Ｉ）」が主語になって発せられるメッセージで，発信する人の素直な気持ちを伝える言い方である。それに対して，「ＹＯＵメッセージ」は相手を「評価」するニュアンスが含まれてしまう。例えば，「君は仕事が遅いね」という具合である。

②他者の意見に，同意する・つけ足す・展開する発言の雛形

　「私は〇〇さんの意見に賛成です。その理由は〜だからです」

　「私は〇〇さんの意見に賛成ですが，次の点をつけ足したいと思います。それは〜です」

　「私は〇〇さんの意見に基本的に賛成ですが，〜の点については，私は〜と思います」

③他者の意見に，反対する，反対して別の自分の考えを発言するための雛形

　「〇〇さんに質問です。〇〇と考えた理由を，もう少し詳しく教えてもらえませんか」

　「私は〇〇さんの〜という意見に対して，別の考えをもっています。それは〜というものです。どうでしょうか」

児童会・生徒会活動とは

　この章では児童会・生徒会活動について，その成立過程を鑑みて「児童会」に特別な注意を払う場合を除いて「生徒会」を中心に扱うことにする。

第1節　生徒会活動とは何か

　文部科学省・国立教育政策研究所（2016）は，生徒会および生徒会活動について「生徒会は，全校の生徒を会員として組織されます。生徒会活動は，生徒一人一人が，学校における自分たちの生活の充実・発展や学校生活の改善・向上を目指す生徒の自発的，自治的活動です。生徒会活動を通して，生徒の自主性・主体性を育て，学校全体の活力を高め，望ましい集団の育成が期待されています」としている。

　ここに見られるように，生徒会活動は，生徒たちが自らの学校生活の充実・発展，改善・向上を目指す「自治的活動」である。自治的な活動とは，「当該集団が，集団としての意思を決定し，集団で実現していく活動」であり，「教員の適切な指導の下，生徒たちが考え，審議し，計画を立て，組織（各種の委員会，学級等）によって，実際の活動を行います」とされている。そして，その活動を通して，「生徒の自主性・主体性」を育てることをその基本に据えている。

　生徒会活動が「自治的活動」であることは，さまざまな面からうかがえる。費用負担の面から見ると，多くの高校では生徒会費を徴収している。生徒会主催の活動は，生徒から集めた生徒会費（私費）と後援会等からの補助を合わせて行われている。例えば，県立A高校では，生徒一人当たり毎月1000

円を徴収していて，部活動と学校行事などに使われている。部活動の公式戦などの遠征費用には後援会から補助が出るが，公費（県費）は振り分けられていない。また，会計は学校徴収金を扱う県職の事務職員ではなく，生徒会顧問の教員が担当している。「顧問」という立場は部活動を指導する教員にも使われており，対外的には監督，ヘッドコーチ，指揮者，指導者などであっても，学校組織上はあくまでも「顧問」である。

第2節　生徒会活動の成立と展開

　生徒会は，第二次世界大戦後に連合国総司令部（GHQ）幕僚部の一部局である民間情報教育局（CIE）の指導の下に，アメリカのステューデント・カウンシル（Student Council）をモデルとして導入された組織形態である。モデルとなったアメリカの"Student Council"は，生徒の代表者が一定の権限と責任のもとに，自分たちのよりよい学校生活とその向上を目指す「自治」組織であることがその基本的性格であり，それはいまも大きく変わることなく運営されている。

　日本には，戦前から「校友会」という組織があり，ほとんどすべての課外活動の計画・運営を行っていたが，その会長は校長であり，教員が主導する「管理運営組織」であった。

　「校友会」は，1937（昭和12）年12月24日の通牒「国民精神総動員第2回強調週間二関スル件」に基づいて「学校報国団」に改組され，挙国一致の戦争協力組織とされた。「学校報国団」は戦後解体され，1945（昭和20）年9月に地方長官宛に出された「校友会新発足に関する件」において，「学生生徒の自発的活動を活かして創意工夫の力を啓培し道義並に情操の涵養に努めて自治の訓練を資する如く運営する（原文は旧漢字，以下略）」として再度各地の中学校に校友会が組織された。同じころ，ＧＨＱ軍政部の指示に基づいて教育の民主化の一環として「生徒自治会」も結成された。学校によっては「校友会」と「生徒自治会」が共存することもあり，地域には「自治会連合」がつくられた。「生徒自治会」は，自発的なものではなく上（軍政

第10章　児童会・生徒会活動とは

部）からの指示によるものであったこと，学校運営を補完する管理運営組織としての校友会的な性質を残していたこと，教員も指導方法がわからなかったことなどもあり，多くの学校では名目的・形式的なものにとどまっていた。

「生徒会」が公文書に現れたのは，文部省が1949（昭和24）年に出した「新制中学校新制高等学校　望ましい運営の方針『第12　特別課程活動』」においてである。そこでは「特別課程活動の最も重要な目的の一つは，公民性の教育にある」「よい公民となるに必要な資質は，純真な生徒たちが学校の事柄に参与することによってのみ培われる」「生徒が参与する制度は，生徒が自治を行う『権利をもつ』という権利観念に基づくものではない」等の考えが示され，「生徒参加の制度は，校長から明瞭かつ限定的に委任された権限に基づく」として，あくまで学校運営のなかでの限定された生徒の自治組織が「生徒会」であるとされたのである。また，1951（昭和26）年の『学習指導要領　一般編（試案）』では，「生徒自治会というときは学校長の権限から離れて独自の権限があるように誤解されるから，このことばを避けて生徒会と呼ぶほうがよいと思われる」と述べられている。このように，「生徒自治会」が「生徒会」に変わっていったのは，軍政部の指示もあったとはいえ，教育行政機関が「自治」を権利であると思われることを恐れたためであると考えられる。

この後，生徒会のあり方は生徒会観の変遷とともに大きく変化していくが，「自治」に関してはあくまで形式的に残っている状況である。喜多ら（1996）はその理由として「生徒参加を教育課程の枠内に押しこめ，生徒会を『指導の対象』とした」「その結果，教職員と生徒との『パートナーシップ』的関係が否定され，『校長の最終決定権の留保』を掲げて生徒会を学校の支配下に置いた」「教育課程の枠内であるがゆえに外部団体との接触や連合組織化の道が断たれていくことになった」，の3点をあげている。

第3節　生徒会活動の目標と内容

2017（平成29）年告示の「小学校学習指導要領」「中学校学習指導要領」

および2018（平成30）年告示の「高等学校学習指導要領」によれば，生徒会活動の目標と内容について，以下のように示されている。

(1) 目標

　異年齢の生徒（小学校は「児童」）同士で協力し，学校生活の充実と向上を図るための諸問題の解決に向けて，計画を立て役割を分担し，協力して運営することに自主的，実践的に取り組むことを通して，第1の目標に掲げる資質・能力を育成することを目指す。

(2) 内容

　(1)の資質・能力を育成するため，学校の全生徒をもって組織する生徒会（小学校は「児童会」）において，次の各活動を通して，それぞれの活動の意義および活動を行ううえで必要となることについて理解し，主体的に考えて実践できるよう指導する。

①生徒会の組織づくりと生徒会活動の計画や運営

　生徒が主体的に組織をつくり，役割を分担し，計画を立て，学校生活の課題を見いだし，解決するために話し合い，合意形成を図り実践すること。

②学校行事への協力

　学校行事の特質に応じて，生徒会の組織を活用して，計画の一部を担当したり，運営に主体的に協力したりすること。

＊注）小学校は，②に異年齢集団による交流「児童会が計画や運営を行う集会等の活動において，学年や学級が異なる児童と共に楽しく触れ合い，交流を図ること」があり，「学校行事への協力」は③として表記されている。

③ボランティア活動などの社会参画

　地域や社会の課題を見いだし，具体的な対策を考え，実践し，地域や社会に参画できるようにすること。

＊注）これに加えて小学校では「3　内容の取扱い」として「(1) 児童会の計画や運営は，主として高学年の児童が行うこと。その際，学校の全児童が主体的に活動に参加できるものとなるよう配慮すること」が記載されている。

第10章　児童会・生徒会活動とは

第4節　生徒会活動の指導計画

　中央教育審議会特別活動ワーキンググループ（2016）は，その審議のまとめとして「特別活動における児童会・生徒会活動の学習過程のイメージ」を以下のように図示している。

図10－①　特別活動における児童会活動・生徒会活動の学習過程のイメージ

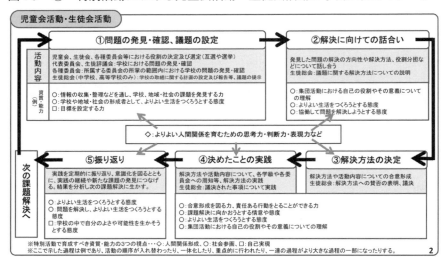

　児童会・生徒会活動を指導するにあたっては，その活動の学習過程をイメージした計画に基づいて実行する必要がある。その際に留意しなければならない視点は学習指導要領全体と同様「主体的・対話的で深い学び」である。
　「主体的な学び」の視点からは，「集団生活における課題の設定や振り返りを学習過程を意識して主体的に行うことで，育成を目指す資質・能力を明確にすること」が求められる。「対話的な学び」の視点からは，「『話合い』を重視して集団活動を行う上で合意形成を図ったり，意思決定をしたりすること」が求められる。合意形成や意思決定の過程で他者の意見にふれ，自分の考えを広げたり，課題について多面的・多角的に考えたりすることが可能になり，地域の人との交流のなかで考えを広めたり自己肯定感を高めたり

することもできるようになる。それはまた，特別活動だけにとどまらず，各教科等の学びの質を高めることにつながる。

さらに，「深い学び」の視点からは，「特別活動が重視している『実践』を，課題の設定から振り返りまでの一連の過程であると捉えることが重要であり，その中で『見方・考え方』を働かせ，育成を目指す資質・能力は何なのかということを明確にした上で，各活動や学校行事を意図的・計画的に年間指導計画に適切に位置付けて指導に当たること」が求められる。

第5節　生徒会活動の指導の注意点

児童会・生徒会活動は「自治的活動」であるが，それは「教員の適切な指導を前提にした，その範囲内での自治であり，その責任は最終的には校長となります。よって，学校や教員から委譲された範囲内に制限されたものとなります。つまり，生徒がしたいと思う活動は何でも行ってよいということではありません。教育的に考えて，児童・生徒の発達に価値ある活動であり，また，それはほかの教育活動では容易に実現することのできない目標を目指す活動です」（文部科学省・国立教育政策研究センター，2016，p.76）とされている。

また，生徒会活動においては，「自分たちの力で，学校（学級）がよりよくなった」という実感が活性化につながる。そこで，「生徒の発意や発想を生かす（P）」「生徒一人一人が活躍できる場や機会を意図的，計画的に設定する（D）」「自己評価や相互評価，第三者による評価をする場を設定する（C）」「生徒の身近な問題を取り上げ，学級活動で問題の解決に向けた話し合い活動を行う（A）→（P）」の4つの指導のポイントをPDCAサイクルに位置づけ，活性化を図ることが求められている。そして，学校のすべての教員が役割を分担し協力し合って指導することも求められている。

第11章 児童会・生徒会活動の指導の実際

本章は児童会活動と生徒会活動の指導の進め方について説明するとし，前半（1〜4節）では小学校の児童会活動を扱い，後半（5〜8節）では中学校の生徒会活動を扱う。

第1節 児童会活動の指導計画

学習指導要領に示された児童会活動の内容は，「児童会の組織づくりと児童会活動の計画や運営」「異年齢集団による交流」「学校行事への協力」である。下記は，これらの内容を具体的な活動として年間指導計画に配置した例である。

図11-①　児童会活動の年間活動計画（例）

4月	5月	6月	7月	9月	10月	11月	1月	2月	3月
代表委員会 一年生を迎える会	児童会総会 運動会への協力 縦割り班活動① （一年間の活動計画）	七夕集会	図書委員会（読書週間）	代表委員会	遠足（縦割り班②）	代表委員会 （冬の遊び）	縦割り班活動③ 代表委員会	縦割り班活動④ 代表委員会	六年生を送る会

122

第2節　児童会活動の指導内容

(1) 児童会の組織づくりと児童会活動の計画や運営

> 　児童が主体的に組織をつくり，役割を分担し，計画を立て，学校生活の課題を見いだし，解決するために話し合い，合意形成を図り実践すること。

　年間指導計画では，おもに「委員会活動」や「代表委員会」，「児童会総会」がこれにあたる。子どもだけで児童会の組織をゼロから構築することは困難であり，教師の適切な指導のもとに行うことが求められる。例えば，図書委員会として，本の貸し出しを行うための仕事内容や役割分担をどうするか，読書週間で全校の子どもに本に親しんでもらうためにどんな工夫をするかということについて活動計画を立てさせる。作成した計画を代表委員会で提案し，学級で話し合ってもらう。児童会総会では，各学級から意見を出し合い合意形成を図る。このようなプロセスを体験させることを通して，自治的能力や社会に参画していく力を育成する。

(2) 異年齢集団による交流

> 　児童会が計画や運営を行う集会等の活動において，学年や学級が異なる児童と共に楽しく触れ合い，交流を図ること。

　年間指導計画では，おもに「一年生を迎える会」「七夕集会」「六年生を送る会」などの児童会集会活動や「縦割り班活動」，「委員会活動」がこれにあたる。縦割り班活動を継続して行い，下学年に寄りそうことができる高学年のリーダー性を育てていく。下学年は，その姿をモデリングして高学年へのあこがれを抱いていくと考えられる。このような人間関係を基盤として，異年齢集団の集会活動や委員会活動を充実させていく。

(3) 学校行事への協力

> 　学校行事の特質に応じて，児童会の組織を活用して，計画の一部を担当したり，運営に協力したりすること。

　年間指導計画では，おもに「運動会への協力」「遠足（縦割り班）」などがこれにあたる。学校行事としての運動会において，児童会でスローガンを決

第11章　児童会・生徒会活動の指導の実際

めたり，開閉会式を計画・運営したりする。スローガンについては，運動会に臨む各学級の願いを代表委員会で集約し，話し合って合意形成を図る。これらの活動は，子どもたち相互の連帯感を深めることになる。また，開閉会式の進行を児童会が務めることにより，下学年や保護者の行事への関心を高めることができる。

(4) 高学年のリーダーシップとフォロワーシップの育成

①すべての子どもがリーダーとフォロワーを体験する

　学習指導要領では「運営や計画は主として高学年の児童が行うこととしつつ，児童会活動には学校の全児童が主体的に参加できるよう配慮すること」と示されている。高学年のリーダーシップやフォロワーシップは，低学年から学級活動における話合い活動や係活動に自主的・実践的に取り組む体験を積み重ねることによって育成される。したがって，低学年のときから学級活動においてすべての子どもがリーダーとフォロワーを体験できるようにすることが求められる。

②自発的・自治的な活動を体験する

　親和的な学級集団づくりは，学級の構成員である子ども自身が当事者意識をもって，自分たちが生活する場を自分たちでよりよくしていこうとする意識をもたせることが大切である。そのためには，学級内の問題に自ら気づき，話合いによる合意形成の過程を経て集団決定したことを実践し，実践を省察して次の課題を見いだす体験を積ませることが大切である。これらの実践的な体験を通して，高学年になったときに学級から学校の課題解決へと目を向けることができるのである。

第3節　児童会活動の指導の実際

　小学校1年生の集団形成に困難さが見られるなど，小1プロブレムの問題が増大している。学校では，この問題に対応するためにスタートカリキュラムを実施することが求められる。教師が立案したスタートカリキュラムの一部に，子どもの主体的な発意・発想を生かした児童会活動を取り入れること

で，全校体制で１年生の学校適応を促進していく。

　活動が終了したら，「振り返り」をていねいに行うことが大切である。活動の出来栄えだけを称賛することに終始していては，個や集団の成長に結びつかない。活動のプロセスにおいて，子どもが気づいていない仲間のよさや課題に目を向けさせる。そして，自分たちで考え，話し合って決めたことは「ほんとうに実行できるのだ」という気持ちを抱かせ，次の活動の意欲を高めていくのである。

図11－②　小学校児童会活動の指導

「１年生を迎える会」

1．ねらい（育てたい資質・能力）
　○１年生：全校児童による集会活動に参加し，上学年とかかわることを通して「△△小学校の一員になった」という気持ちをもたせる（社会参画・人間関係形成）。
　○６年生：学校行事を運営・企画することで，高学年としての自覚を高める（自己実現）。
　○２〜５年生：上学年として，１年生に学校に慣れてもらうために自分たちに何ができるかを自主的に考え実践する態度を育てる（自己実現）。

2．活動内容
　(1)集会活動までの活動
　　２年生：朝の会で１年生に校歌を教える／３年生：朝の会で１年生に児童会歌を教える／４年生：招待状を作成する。学校を案内する／５年生：２〜５年生で作成するプレゼントの計画を立てる／６年生：集会活動を計画し運営する。給食の配膳を手伝う。１年生の教室の前で「あいさつ運動」をする。
　(2)集会活動プログラム
　　① １年生入場　② はじめの言葉（６年生）　③ 全校ゲーム（６年生）　④ プレゼント渡し（５年生）　⑤ 児童会会歌を歌う（３年生）　⑥ お礼の言葉（１年生）　⑦ 終わりの言葉（６年生）
　(3)活動の振り返り
　　各学級や児童会役員で「振り返り」の時間を設け，次の活動の意欲をもたせる。

第４節　荒れの見られる集団で行う児童会活動の指導のポイント

（1）集団に荒れが見られる状態とは

　Q-Uで，「不安定な要素をもった／荒れの見られる学級集団」と所見がある場合は，学級集団に満足している子どもと不満足を感じている子どもとに大きく分離している状態である。児童会活動は，全校の子どもを対象とする

第11章　児童会・生徒会活動の指導の実際

ことから，親和型の学級集団と不満足型の学級集団が混在していることも想定される。実際は，そう単純ではなく，親和型の学級集団が少なく不満足型が多い場合や，かたさ型（かたさの見られる学級集団）やゆるみ型（ゆるみの見られる学級集団）の影響を強く受けている場合など多様な状態が想定される。これらを踏まえたうえで，全校集団の実態を的確に把握し，対応策を検討することが求められる。

（2）荒れの見られる集団での指導のポイント

①児童会活動の担当責任者は，把握した集団の実態から活動が停滞したり混乱したりする場面を予見し，各学級で事前に指導してもらうことを明示する。特に，荒れが顕著な学級については，児童会担当者と当該学級担任で事前や当日に指導することについて詳細に打ち合せておく。

②自由な活動に不安を抱いている子どもがいることが予測される。そこで，自由度の高い活動を少なくしたり，ルールや行動の仕方を提示したりして，枠組みをつくることで不安や緊張を和らげるようにする。

③荒れの見られる集団であっても，高学年が建設的に行動することができれば，下学年はそれについてくることができる。そこで，高学年のリーダーも全校の子どもたちの実態を意識して運営したり集会活動等を進行したりするよう指導する。

④高学年にリーダーシップが育っていない場合，下学年の学級担任から指摘を受ける場合が多い。指摘を受けた学級担任は，子どもを指導せざるを得なくなるが，それは逆効果である。できたことをほめる形で，一つ一つの活動を通して高学年を育てていくという共通理解を図り，組織的に取り組むことが求められる。

⑤傷つく子どもが出ることが心配される場合は，学級や個別の子どもを見守る教師の分担を明確にし，活動の途中であっても適切な指導を入れながら進める。

（3）親和型と不満足型学級集団が混在している場合の指導のポイント

　荒れの見られる学級集団では，子どもがかかわるような活動を一時的に少なくし，個人でできることに取り組むことやルールに従って活動する習慣を

126

形成させることが求められる。児童会活動でも，ほかとのふれあい活動を少なくし，リーダーの指示に従って個人で活動できる内容で構成することが考えられる。例えば，集会活動では「○×クイズ」などを取り入れる。また，小グループでは1人1役にして，何をするかを明確にすることによって動きやすくする。やるべきことが終わったらどうするかも事前に指示しておく。非建設的な言動を繰り返す子どもが多い場合は，特定の学級や個人をサポートする教師を決め，マイナスの雰囲気が全体に広がらないようにする。

（4）かたさ型の学級集団の影響を受けている場合の指導のポイント

　学級集団においては，言われたことはやるが，活動の意欲に差があり自発的・自治的な活動が低下している状態である。児童会活動では，例えば代表委員会や児童総会などの話合い活動で子どもの活発な意見交流が見られなくなる。活動意欲が高い子どもも，その場の雰囲気を感じ取り，意見を述べることを控える状態になる。発言を促すために，「何でもいいから言ってみよう」と働きかけても，子どもはいっそう困惑する。そこで，話す内容を提示し，発言の仕方もやって見せる。進行役の子どもは，順番に指名していく。教師は，よい発言が出たときはその場でほめてモデリングさせたり，振り返りで子どもが気づかない発言のよさを取り上げて意味づけや価値づけをしたりする。

（5）ゆるみ型の学級集団の影響を受けている場合の指導のポイント

　学級集団においては，活動意欲は高いが，侵害行為を感じている子どももいる状態である。ルールが定着していないため，活動中にトラブルが発生することがある。児童会活動では，例えば集会活動で仲間に入れずに孤立する子どもが出たり，活動中にマイナスの言動が飛び交い傷つく子どもが見られたりする。そこで，事前にやってはいけないことをルールとして提示しておく。その際，子どもが納得するように指導することが大切である。また，活動に必要なソーシャルスキルの練習を行っておく必要がある。それでも活動本番でルールを守れない様子が見られたときは，その場で活動を停止して再度ルールを確認しながらていねいに進行していく。

127

第11章　児童会・生徒会活動の指導の実際

第5節　生徒会活動の指導計画

（1）おもな生徒会活動の例

生徒会活動の全体指導計画は，子どもの状況を始めとして，学校規模，教職員の組織や校務分掌，施設・設備などの諸条件，地域社会の実態などについて考慮するとともに，特別活動の全体計画に記載した重点目標の具現化を目指して，指導の内容，指導の方法，活動の方針などを明確にして計画を作成する。

図11－③　生徒会活動の年間活動計画（例）

月	活動
4月	新入生歓迎会　対面式
5月	生徒総会
6月	体育祭　挨拶運動
7月	地域ふれあい清掃活動
9月	役員選挙
10月	文化祭
11月	役員交代式　小・中交流会
12月	赤い羽根共同募金活動
1月	異校種交流会
2月	活動報告会
3月	三年生を送る会

また，学習指導要領に示された生徒会活動内容の3項目である（1）生徒会の組織づくりと生徒会活動の計画や運営，（2）学校行事への協力，（3）ボランティア活動などの社会参画について，年間指導計画に明記するとともに，それらを実現するための具体的な生徒会活動を選定して位置づけることが重要である。

第6節　生徒会活動の指導内容

（1）生徒会の組織づくりと生徒会活動の計画や運営

「生徒が主体的に組織をつくり，役割を分担し，計画を立て，学校生活の課題を見いだし解決するために話し合い，合意形成を図り実践すること」。

第6節　生徒会活動の指導内容

具体的な活動として，「生徒総会」「新入生を迎える会」「三年生を送る会」「各種委員会活動」「生徒朝会」「生徒会役員選挙」などがあげられる。

　ねらいは，学校生活の充実と向上のために，子どもたちの総意によって目標を設定し，役員選挙を通した組織づくりや役割分担を行って協働して実行することの意義を理解し，そのために必要な計画や運営，合意形成の仕方などを身につけさせることである。集団の形成者として，多様な他者と互いに個性を生かして協力し，積極的に学校生活の充実と向上を図ろうとする態度を養うことが大切である。

（2）学校行事への協力

　活動内容は「学校行事の特質に応じて，生徒会の組織を活用して，計画の一部を担当したり，運営に主体的に協力したりすること」である。

　具体的な活動として，「体育祭への協力」，「文化祭への協力」「合唱コンクールへの協力」「入学式への協力」「卒業式への協力」などがあげられる。

　ねらいは，学校行事の意義を理解し，生徒会としての意見を生かすための組織や全校の協働を図る仕組みづくりなどについて理解することである。学校行事の特質に応じて，生徒会としてどのような協力を行うことが学校行事の充実につながるかを考え，話し合い，決めたことに協力して取り組んだり，生徒会の組織を活用した学校行事運営上の役割に取り組んだりできるようにすることが大切である。

（3）ボランティア活動などの社会参画

　活動内容は「地域や社会の課題を見いだし，具体的な対策を考え，実践し，地域や社会に参画できるようにすること」である。

　具体的な活動内容として，「資源回収活動」「高齢者の方々との交流会」「赤い羽根共同募金活動」「地域清掃活動」「異校種学校交流会」「ベルマーク回収活動」などがあげられる。

　ねらいは，よりよい地域づくりのために自分たちの意見を生かし，主体的に社会参画するために必要なことを理解し，仕方を身につけることである。地域社会の課題を解決するために，生徒会の組織を生かして取り組むことができる具体的な対策を考え，主体的に実践できることが大切である。

129

第11章　児童会・生徒会活動の指導の実際

第7節　生徒会活動の指導の実際

　以下に，生徒会活動の指導について示す。

図11－④　中学校生徒会活動の指導

「地域ふれあい清掃活動」

1．活動のねらい
　　地域社会の一員であるという自覚を深め，社会のなかで共に生きる豊かな人間性を培うとともに自主的・自発的に清掃活動や利用者の方々との交流会に取り組むことを通して，社会参画意識を高める。

2．育成したい力
　①地域・社会の一員であることを理解し，自分たちにできることを考え，実行しようとする（知識および技能）
　②地域，社会への貢献の仕方について話し合い，自主的・自発的に清掃活動や交流会に参加しようする（思考力・判断力・表現力）
　③子ども同士や地域・社会の人との異年齢集団活動を通して，よりよい人間関係を形成しようとする（学びに向かう力・人間性等）

3．実施計画
　(1)開催時期・場所・参加者：夏季休業中・各地区の集会場・利用者の方々
　(2)事前の活動
　　①教師の適切な指導のもと，それぞれの地域ごとに集会場の責任者と打ち合わせをして，開催日，活動内容（清掃，交流ゲーム），参加者，持ち物などを決定する。
　　②地区生徒会集会で，活動の目的や心構え，ボランティアスピリット，活動内容，清掃手順，持ち物などについて話し合い，共有する。
　(3)当日の活動内容：進行，連絡調整は，各地区役員が行う。
　　開会の言葉・あいさつ・自己紹介・清掃活動・交流ゲーム・閉会の言葉
　(4)事後の活動　※生徒へのねぎらいや賞賛を忘れない
　　活動を通して学んだことや反省点などを振り返るとともに，活動の様子を広報で紹介する。さらに，年間を通じて実践可能なボランティア活動のあり方を考えさせるなど，子ども一人一人のより深い学びにつなげていきたい。

第8節　荒れの見られる集団で行う生徒会活動の指導のポイント

（1）荒れの見られる状態の生徒会活動とは

　生徒会組織に荒れの見られる状態では，全校生徒が一堂に集まる生徒集会などで，私語が多発して「静かにしてください」が連呼されたり，資料を丸

めて叩き合ったり，攻撃的なやじが飛び交ったりなど，話合い活動の成立が
むずかしい状況にあることが多い。また，ボランティア活動など子どもの自
主性や自発性を大切にしている生徒会活動においては，「自分たちにできる
ことで社会の役に立ちたい」と活動意欲が高い子どもがいる一方で，「自分
には関係ない」「やりたくない」と非建設的な発言したり，当日黙って欠席
したりなど，ボランティア活動の成立そのものがむずかしい状況が見られる
ことも少なくない。

　このように活動することに困難を抱えている生徒会では，「集団で活動す
る際のルールの共有度・確立度が低いとともに，子どもたちがかかわる基礎
となる人間関係・リレーションの確立度も低い状態にある」と推測され，前
記のような形で表出していると考えられる。

　したがって，このような集団の状況では，特別活動で期待される資質・能
力が身につかないばかりではなく，攻撃性など非建設的な力を身につけるこ
とになりかねないので，早急に改善のための対応が必要である。

（2）ルールの共有度・確立度が低い状態での指導のポイント

　たとえ生徒会組織が荒れの見られる状態にあってもまったく生徒会活動を
行わないわけにはいかないので，展開の仕方を工夫して行う必要がある。す
なわち，①ルールやマナーを教えて守らせる，②活動を短く，わかりやすく，
楽しく構成して生徒会活動に対する意欲を高める対応を具体的に交えながら
行うことである。

　○私語が多発して困難が予想されるときには，ビデオメッセージによる放
　　送集会に切りかえて，学級ごとに安心して情報を受け取る環境つくる。
　○事前に生徒会との打ち合わせをもち，「守ってほしい最低のルールとル
　　ール違反をしそうな内容について確認し，活動の前に具体的に示すとと
　　もにみんなが見えるところに掲示して注意を促す」というような手立て
　　を指導する。
　○全校での取り組みの前に，学級ごとに，活動の目的・意義，取り組みの
　　やり方・見通し，活動によって得られる効果などについて共有する機会
　　を設ける。

第11章　児童会・生徒会活動の指導の実際

　　○提案は紙面の読み上げではなく，要約やキーワードを示して時間の短縮
　　　を図ったり，絵や図，寸劇，視聴覚機器などを活用したりして，全校生
　　　徒が集中して取り組めるようにする。

（3）人間関係・リレーションの確立が低い状態での指導のポイント

　失敗や傷つくのを恐れてかかわらないなど，対人関係に距離をとったり，
同調的になったりしている場合には，現状でできるレベルや場面を吟味しな
がら活動場面を構成して，徐々に自主活動を促進していく必要がある。すな
わち，①話し方・聞き方のモデル学習をさせる，②みんなで楽しい経験を共
有する，③ボランティア活動の意義や効果などを理解させる対応を具体的に
行うことである。

　　○活動における一人一人の個人の役割，責任を事前に明確にしておく。
　　○事前に，生徒集会での意見の言い方，質問の仕方，聞き方などを示して，
　　　人を傷つける言い方をしないようにさせる。
　　○上級生に望ましい立ち振るまいを指導して身につけさせ，後輩が上級生
　　　の行動をモデル学習するようにする。
　　○簡単なルールで全校生徒が短時間で楽しめるスプーンレースやドッチボ
　　　ール大会など，ゲームを主にしたリクリエーションを行って，生徒会の
　　　楽しい雰囲気づくりを行う。
　　○ボランティア活動についてのアンケートを実施して，全校生徒の考えが
　　　活動に反映されるようにするとともに，活動内容への興味・関心をもた
　　　せるようにする。

クラブ活動の内容と指導の実際

第1節 学校教育におけるクラブ活動

　現在では、クラブ活動は小学校のみに存在する教育活動である。
　クラブ活動は、1947（昭和22）年に文部省から公布された学習指導要領一般編（試案）で、小学校、中学校ともに自由研究のなかに位置づけられ、教科の発展を見込む活動として、教育課程内で初めて行われた。自由研究は、「児童の個性の赴くところに従って、それを伸ばしていくことに、この時間を用いていきたい」と説明があり、そのなかでクラブ活動では、「児童が学年の区別を去って、同好のものが集まって、教師の指導とともに、上級生の指導もなされ、いっしょになって、その学習を進める組織」とされている。このことから、子どもの個性の伸長、選択性、異年齢集団での活動という特徴が、クラブ活動の始まりから確認することができる。
　その後もクラブ活動は、小学校課程において、2017（平成29）年版学習指導要領まで、どの時期の学習指導要領にも明記され、今日の教育にも求められている子どもの資質・能力の育成に資することが一貫した目標である。

第2節 特別活動におけるクラブ活動の位置づけの変遷―部活動との関連―

　クラブ活動は、以前は、中・高等学校でも実施されていた。
　1958（昭和33）年の学習指導要領の改訂では、教育課程のなかに、小・中・高のすべての学校に、今日の特別活動の前身となる「特別教育活動」が

第12章　クラブ活動の内容と指導の実際

あり，そこにクラブ活動が位置づけられていた。例えば，中学校の学習指導要領では「クラブ活動に全校生徒が参加できることは望ましいことであるが，生徒の自発的な参加によってそのような結果が生まれるように指導することがたいせつである」「クラブ活動は，学校の事情に応じ適当な時間を設けて，計画的に実施するように配慮する必要がある」と，クラブ活動への全員参加を奨励している。

　1968（昭和43）年版学習指導要領（中学校は1969年，高等学校は1970年）では，クラブ活動が必修化された。小学校学習指導要領では，「クラブは，主として第4学年以上の同好の児童をもって組織し，共通の興味・関心を追求する活動を行うものとする」「クラブ活動には，毎週1単位時間を充てることが望ましい」と明記された。中学校学習指導要領では，「クラブ活動に充てる授業時数については，選択教科等に充てる授業時数の運用，1単位時間の定め方などによって，毎週，適切な時間を確保するように配慮する」と明記された。高等学校学習指導要領では，「全生徒がいずれかのクラブに所属するものとすること」と記された。そして，いままでの子どもの自主的な活動であった"クラブ活動"は，教育課程外の「課外クラブ」（現在の部活動の誕生）として分けられ，おもに放課後に実施されるようになった。この年から30年間にわたって，クラブ活動と部活動が併存することとなった。

　1989（平成元）年版学習指導要領では，中・高等学校では，「部活動」をもってクラブ活動に代替できる，弾力的な運用が可能になった。中学校と高等学校の学習指導要領では，「クラブ活動については，学校や生徒の実態に応じて実施の形態や方法などを適切に工夫するよう配慮するものとする。なお，部活動に参加する生徒については，当該部活動への参加によりクラブ活動を履修した場合と同様の成果があると認められるときは，部活動への参加をもってクラブ活動の一部又は全部の履修に替えることができるものとする」と明記された。この背景には，1992（平成4）年実施の学校週5日制による授業時数との調整の必要性があったと指摘されている。

　1998（平成10）年版学習指導要領（学習指導要領の第6次改訂，高等学校は1999年）で，「特別活動」の領域は，小学校は前回と同様の構成であ

134

ったが，中・高等学校ではともに「クラブ活動」が廃止された。これは，部活動の適切な実施を前提にして，中学および高等学校の必修化されていたクラブ活動が廃止され，教育法規上強制力のない部活動へ移行したということである。

2008（平成20）年版学習指導要領（高等学校は2009年）でも，クラブ活動は小学校でのみ特別活動の領域に位置づけられている。ただし，学習指導要領の「総則」に，中・高等学校における部活動の意義と留意点などが記載されているが，部活動の学校教育における位置づけは曖昧な面を残したまま現在にいたっている。

第3節　クラブ活動の目標と内容

（1）クラブ活動の目標

2017（平成29）年度告示の小学校学習指導要領では，クラブ活動の目標は「異年齢の児童同士で協力し，共通の興味・関心を追求する集団活動の計画を立てて運営することに自主的，実践的に取り組むことを通して，個性の伸長を図りながら，第1の目標に掲げる資質・能力を育成することを目指す」とされている。この資質・能力の育成については，学習指導要領解説でさらに詳しく以下のように明記されている。

○同好の仲間で行う集団活動を通して興味・関心を追求することのよさや意義について理解するとともに，活動に必要なことを理解し活動の仕方を身に付けるようにする。
○共通の興味・関心を追求する活動を楽しく豊かにするための課題を見いだし，解決するために話し合い，合意形成を図ったり，意思決定したり，人間関係をよりよく形成したりすることができるようにする。
○クラブ活動を通して身に付けたことを生かして，協力して目標を達成しようとしたり，現在や将来の生活に自分のよさや可能性を生かそうとしたりする態度を養う。

（2）クラブ活動の内容

活動の内容として「1の資質・能力を育成するため，主として第4学年以上の同好の児童をもって組織するクラブにおいて，次の各活動を通して，そ

第12章　クラブ活動の内容と指導の実際

れぞれの活動の意義及び活動を行う上で必要となることについて理解し，主体的に考えて実践できるよう指導する」とされている。

そして，具体的な活動内容としては，以下のものがあげられている。

①**クラブの組織づくりとクラブ活動の計画や運営**
　　児童が活動計画を立て，役割を分担し，協力して運営に当たること。
②**クラブを楽しむ活動**
　　異なる学年の児童と協力し，創意工夫を生かしながら共通の興味・関心を追求すること。
③**クラブの成果の発表**
　　活動の成果について，クラブの成員の意見・発想を生かし，協力して全校の児童や地域の人々に発表すること。

ポイントは，2017年の改訂で①の文中に「クラブの組織づくり」の文字が追加された点である。これは，子どもが自らの考えをもち，子ども同士の話合いのなかで合意形成を図り，人間関係をよりよく形成する力が重要であるということを判断できる。教師は，子どもが自主的，実践的にクラブ活動を行う指導はもちろん，子どもたちが計画の立案や役割の分担の話合いをしている場では，資質・能力の育成を意識し，ファシリテーターの役割が求められることになる。また，教師は学級活動の際と同様に，話合い活動や合意形成を図る際の基本的なルールなどを伝えることや，発達段階を考慮し，上級生が下級生をリードすることへの促しなど，子どもが過度の負担を感じることなく，主体的に取り組む活動となるように適切な指導が求められる。

第4節　クラブ活動の指導計画の考え方

クラブ活動の指導計画は，「各学校においては特別活動の全体計画や各活動及び学校行事の年間指導計画を作成すること。その際，学校の創意工夫を生かし，学級や学校，地域の実態，児童の発達の段階などを考慮するとともに，第2に示す内容相互及び各教科，道徳科，外国語活動，総合的な学習の時間などの指導との関連を図り，児童による自主的，実践的な活動が助長されるようにすること。また，家庭や地域の人々との連携，社会教育施設等の活用などを工夫すること」とされている。指導計画を作成する際に配慮する

第4節　クラブ活動の指導計画の考え方

ことは次の点である。

①学級や学校，地域の実態や児童の発達の段階などを考慮し，児童による自主的，実践的な活動が助長されるようにする。
②内容相互及び各教科，道徳科，外国語活動，総合的な学習の時間などの指導との関連を図る。
③家庭や地域の人々との連携，社会教育施設等の活用を工夫する。

指導計画を作成する際には，クラブ活動の学習課程（表12－①）を意識し子どもの興味・関心を尊重し，クラブ活動の目標を達成できるよう配慮することが求められる。

図12－①　クラブ活動の学習過程（例）

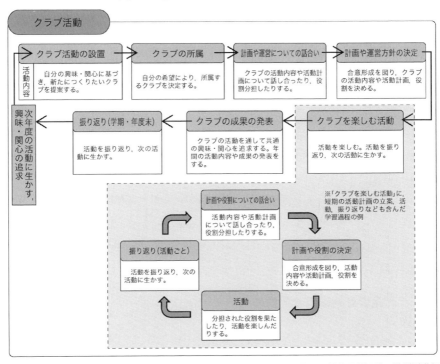

出典：文部科学省　2017　小学校学習指導要領解説　特別活動編

137

第12章　クラブ活動の内容と指導の実際

第5節　クラブ活動の年間指導計画

（1）年間指導計画

　年間指導計画の作成は，全校の教職員が作成に携わり，クラブ活動によって目指す資質・能力を共有することが求められ，それをもとに子どもが話合いのなかで指導計画を作成していくものである。ここでは教師と子どもに分け，それぞれの指導計画に示す内容の例と，実際の教師用の年間指導計画を例示する。

表12-②　クラブ活動の年間指導計画（例）

〈実験科学クラブの年間指導計画〉

	予想される主な活動	指導上の留意点
一学期	○クラブの計画や運営 ・はじめの会 ・年間活動計画，組織づくり ・異年齢を基にしたグループ編成	○楽しい雰囲気の中で，同好の集団としての仲間意識をも高め，実験科学クラブへの意欲を高めるようにする。 ○リーダーシップやメンバーシップを意識させ，役割分担の必要性に気付かせ，異年齢集団による自発的，自治的な活動が効果的に展開できるようにする。
二学期	○クラブを楽しむ活動 　◦実験や制作の計画を立てる。 　◦実験や制作をする。 　◦実験や制作を振り返る。 ・学期ごとの振り返り	○一人一人の思いや願いを大切にし，全員が意欲的に取り組める実験や製作を考えられるようにする。 ○みんなが楽しめる実験や製作を話し合い，実践できるようにする。
三学期	○クラブの成果の発表 ・クラブ発表会	○クラブ発表会に向けて，発表内容や，方針などの計画を考え，協力して準備できるようにする。

出典：国立教育政策研究所教育課程研究センター　2013　楽しく豊かな学級・学校生活をつくる特別活動　小学校編

（2）年間指導計画に示す内容の例

＜教師＞

○学校におけるクラブ活動の子どもの目標

○クラブ活動の実態と指導の方針

○クラブの組織づくりと構成

○活動時間の設定

＜子ども＞

○活動の目標

○各月などの活動内容

○準備する物

○役割分担など

第5節　クラブ活動の年間指導計画

○年間に予想されるおもな活動

○活動に必要な備品，消耗品

○活動場所

○指導上の留意点

○クラブを指導する教師の指導体制

○評価の観点と方法など

(3) 1単位時間の指導計画

　1単位時間の指導計画については，表12－①のクラブ活動の学習過程にあるように，＜1＞計画や役割についての話合い→＜2＞計画や役割の決定→＜3＞活動→＜4＞振り返り，を基本に子どもを中心に計画していく。

　また，教師の指導のポイントは以下の2点である。

○子どもの目標を技術だけでなくクラブ活動で求められることにも意識させる。

○異年齢での積極的な交流が行われるように意識した指導を行う。

　以下に1単位時間の指導計画を例示する（表12－③）。

表12－③　1単位時間の指導計画案（例）

ソフトボールクラブ		
日時：7月7日（月）6時間目	場所：校庭	
内容：ソフトボールの試合		
時間	活動内容	目標
5分	あいさつ チームごとに出欠確認，準備体操 試合の組み合わせの話合い－① 今日のクラブ活動の流れの確認－①	体調の悪い人がいないかの確認もする。 試合の時間が平等に，そして長くできるように意識する。
5分	チームごと 打順，ポジションと役割の話合い－②	みんなが楽しめるように ポジションや打順を決める。
35分	試合を行う－③ 試合のないチームは，チームで練習や作戦会議をする－③	みんなが楽しめるように意識する。 自分のうまくなりたいところを確認し練習する。
5分	試合の結果を記録して， 今日の活動の振り返りをする 次回の活動の目標を決める 整理体操 あいさつ	自分の目標を達成できたかなど，活動を振り返り，次回の活動の目標を考える。 最後に体操を行い怪我や体調不良の人がいないかを確認する。

第12章　クラブ活動の内容と指導の実際

第6節　クラブ活動の実践例

（1）クラブにおける実践例／クラブを楽しむ活動

　クラブ活動のなかでは，指導を充実するため，地域の人々を始めとする専門的な外部講師の協力を得るなど，積極的に地域の人材との連携を図っていくことも大切である。クラブ活動を楽しむ活動のなかでの実践として，地域の老人会の方にグランドゴルフを教わるなど，地域で行われているスポーツを一緒に行うことがあげられる。グランドゴルフは安全面の配慮があり，グループに分かれてプレーするので，指導してくださる方がグループごとについて活動ができる。子どもの活動時間が確保できるとともに，地域の方たちとの交流の時間も確保できる。特別活動の原則である「なすことによって学ぶ」ことが実践できるのである。

　一方で，外部の方の専門的な指導を依頼する際には，外部講師の方との事前の打ち合わせを行い，育む資質・能力について共通理解を図り，指導に当たるようにすることが大切である。

（2）クラブにおける実践例／クラブの成果の発表

　クラブの活動のなかで，クラブの成果をどの時期に，どのような場面で行うのかは重要であり，それに伴ってクラブ活動の計画などの方針が決まるものである。クラブ活動紹介など校内での成果の発表は，3年生のクラブ活動の参加にかかわるものであるため，次年度のクラブ活動に生かすことができる活動である。そのためにも，計画や役割の話合いのなか，クラブの成果の発表をどこで行うかを子どもが話し合って，決定することが重要であり，指導のポイントとなる。

　また，発表当日のプログラムや構成なども子どもが考えることができるように，プログラムの見本などを提示するなど配慮が求められる。クラブの成果の発表の場として考えられるものは，以下のとおり。

　・運動会や学芸会などの学校行事，児童会全校集会

　・校内放送や展示による日常の発表

　　　　　　　　　　　　　　　　　　　　第6節　クラブ活動の実践例

　・年間の活動のまとめとして行う展示や映像，実演（クラブ発表会）
　・校外活動（音楽会，敬老会，競技会や地域の催し物への参加）

（3）クラブ活動と部活動の違い

　部活動は，2017（平成29）年の学習指導要領の総則で，「教育課程外の学校教育活動と教育課程の関連が図られるように留意するものとする」「生徒の自主的，自発的な参加により行われる部活動については，スポーツや文化，科学等に親しませ，学習意欲の向上や責任感，連帯感の涵養等，学校教育が目指す資質・能力の育成に資するものであり，学校教育の一環として，教育課程との関連が図られるよう留意すること」とされており，教育課程外の活動ではあるが，教育課程との関連が求められ，学校教育の目指す資質・能力の育成が求められるなど，クラブ活動との共通点がうかがえる。

　そして，クラブ活動との類似性は，1989（平成元）年の学習指導要領において，中学校，高等学校では必修のクラブ活動を部活動への参加において代替できる措置が出された点からも判断できる。さらには，小学校学習指導要領解説の特別活動編には，クラブ活動の説明のなかで，「中学校に進学した後に，興味・関心を生かして，部活動などの課外活動や地域の活動に積極的に参加したり，将来的には進路選択などにもつながったりするものである」とあり，クラブ活動と部活動のつながりを考慮していることからもうかがえる。

　しかし，部活動は対外試合が存在する点がクラブ活動とは異なっており，競争原理によって身につく能力があることは推察されるが，過度な競争から身につく能力は，学校教育が求める資質・能力とずれが生じてしまう可能性も考えられる。

　また，部活動は学習指導要領において，明確な指導の内容が記されておらず，教育課程外の位置づけの曖昧さのため，部活動を担当する教師それぞれの意識や裁量により指導が行われ，部活動ごとに差が生まれてしまい，総則に書かれている，部活動本来の目的とかけ離れた活動となる危険性をはらんでいる。

141

第12章　クラブ活動の内容と指導の実際

第7節　荒れの見られる集団で行うクラブ活動の指導のポイント

（1）小学校でのクラブ活動における荒れの状態

　小学校でのクラブ活動は，一般的に４年生以上の子どもを対象に，希望調査を行いメンバーが構成される。学校によって，人気の集まりやすいクラブは１度しか希望できないなどのきまりがある場合もある。調査終了後，各学年の子どもの人数をおおよそ均等に分ける。学校の実態に合わせてさまざまな決め方がされ，ふだんの教室ではかかわりのないメンバーとともに活動をすることになる。以上のようなクラブ活動の特色から，クラブ活動開始直後から，集団の荒れにつながる可能性が想定される。したがって以下のような不安定な状態でクラブ活動がスタートすることを想定し，実態に合わせた指導が必要となる。

①希望するクラブ活動に入ることができず，低いモチベーションの状態からスタートする

　クラブ活動には，活動可能な人数が想定されており，想定以上の人数が希望した場合には，希望するクラブに所属できない子どもが一定数出てくる。希望するクラブに所属できなかった子どもは，クラブ活動のスタート時点でモチベーションが大きく下がり，低いモチベーションのまま活動に取り組むことになり，その結果，受動的で無気力的な参加態度につながることが想定される。

②新たな仲間との交流に対して，不安や抵抗が強い状態からスタートする

　ふだんからかかわりのある友達がクラブ内におらず，かかわりに不安や抵抗を抱えてクラブ活動をスタートする子どもがいることが考えられる。不安の高いままの状態が続くと，消極的な活動態度につながるだけでなく，徐々にクラブ活動に対する敷居が高くなり，クラブ活動に参加すること自体に抵抗を示すようになることが想定される。

③特別な配慮を要する子どもが，不安定な状態になり，問題行動が表出しやすい状態からスタートする

142

ふだんの生活の基盤である学級を離れ，日常とは異なる環境で活動をすることになるため，特別な配慮を要する子どもが不安定になり，暴力的になったり，攻撃的な言葉を発したりすることにつながり，集団を乱す場合がある。その結果，活動がスムーズに運営されず，生徒指導上の問題に追われてしまう可能性が想定される。

以上のような状態が複合的にからまり合いながら，集団が荒れた状態に徐々に進行していくことが考えられる。したがって，モチベーションの喚起や不安の軽減，不安定な状態を緩和するような指導を，指導計画のなかに取り入れていくことが必要となる。

（2）集団が荒れた状態で行うクラブ活動の展開の工夫

第5節で例示したソフトボールクラブの指導計画案（表12-③）の活動内容をもとに，集団が荒れた状態で行うクラブ活動の展開の工夫について解説する。

①計画や役割についての話合い

・試合の組み合わせは，発言力の大きな子どもが中心となって決めてしまうことのないように配慮し，平等な決め方で決定する。

・クラブ活動の流れを黒板やボード，ワークシートに刷って提示するなど視覚化し，見通しをもって活動を行うことができるようにする。

②計画や役割の決定

・打順やポジションについて，ソフトボールの技能が高い子どもだけが活躍することのないように配慮する

・試合中以外の役割（準備係や審判係）があれば，偏りが出ないように，だれがどのような役割を担当するのかを記入できるシートを用意するなどの配慮をする。

③活動

・試合中は，相手を引き下げるような言葉がけではなく，自分のチームや周りのチームが気持ちよく活動できるような言葉がけをすることを事前に確認する。

第12章　クラブ活動の内容と指導の実際

・作戦会議をする際には，作戦を記入したり，メンバーの役割を確認できる
　ようにホワイトボードなどを用意し，チームの決まりごとを共有しやすく
　するような配慮をする。

④振り返り

・活動の振り返りでは，仲間同士でよかったところを見つけ合えるような時
　間を設定し，親和的な雰囲気で試合を行うことができるようにする。

・子どもの発言や行動のなかで強化したいものを取り上げ，教師が肯定的な
　フィードバックを行う。

第8節　荒れの見られる集団で行う部活動の指導のポイント

（1）中学校における部活動の危険性

　中学校における部活動は，2017（平成29）年度の学習指導要領において，
教育課程との関連が求められ，資質・能力の育成が求められるものである
（第6節参照）。そして，先行研究においても，部活動への積極的な取り組み
は学校生活によい影響を与え，学校生活の意欲の向上などが示唆されている。

　しかし，部活動の人間関係の状態がよくないと子どもに負の影響を与えて
しまうことも報告されている。子どもは部活動での人間関係の挫折経験から
学校不適応になるなどがあげられており，中学生の学校生活において，教師
の部活動指導がとても重要になる。以下に部活動における荒れる原因や危険
を例示する。

①ルールの定着がされておらず，部内で争いや問題行動が起こる

　部活動は，正課外の活動であり，子どもの自主的な参加での活動であるが，
学校での活動であるため，集団生活に必要なルールの定着が同様に求められ
る。部活動にルールの定着がなされていないと，子ども同士の争いや，問題
行動，重大な怪我をする子どもが出るなどの危険が考えられる。

②部活動内でのいじめや暴力行為が起こる

　部活動では，子どもの競技や活動における意識，試合を行うものであれば
レギュラーかそうでないかなど，子どもの意欲に差が出てしまうことや，ヒ

144

エラルキーができてしまうことが考えられる。意欲が低下した部員は，問題行動を起こしやすいことや，ヒエラルキーが生じることにより，いじめが発生してしまう危険が考えられる。また，部活動内での暴力行為は，顧問の教師が体罰を行うことで，子どもがそれをモデリングしてしまい，暴力を使った解決を行ってもよいと考えてしまうことで起こるともされているため，顧問の教師の指導行動にも注意が必要である。

（2）荒れの見られる集団で行う部活動の展開の工夫

①生徒指導との関連

　部活動も学校で行われる教育活動であるため，学校のルールにのっとって指導を行う必要がある。特に学校教育での生徒指導の徹底は部活動にもよい影響を与るため，教育課程でも部活動でも一貫した指導が求められる。また，生徒指導は問題行動への対応など，消極的な側面への対応という視点からで捉えられることが多いが，元来は子ども資質・能力の育成を目指す，積極的な側面を意図して行われる活動であるため，資質・能力の育成が図られる部活動との積極的な面での関連も求められる。部活動内でルールの定着が図られ安定が見られた後などは，子どもが自分でルールを設定し，そのルールを守ることに責任をもてるように指導を行うなど，部活動と予防開発的な生徒指導を関連させながら指導することが教師に求められる。

②部活動の目標や役割の決定

　部活動において，子どもの目標や意識は同じではないため，子どもの目標や意識を教師が把握し，部活動の目標を子どもと考えることが求められる。部活動は学校で行われる教育活動であるため，過度の勝利至上主義に偏重しないようにするなど注意が必要である。また，レギュラーではない部員，試合や発表会で出場機会に恵まれない子どもは，意識が低下しやすいため，子どもに役割を与えるなどチームのなかに存在を位置づけることが重要である。

　そして，適切な評価やフィードバックは子どもの自己効力を高め，資質・能力の育成に資するものであるため，個人の役割での活動などを教師はしっかりと評価することが重要である。

第13章 学校行事とは

第1節 学校行事の目標と学習過程

(1) 学校行事の目標

学校行事の目標は，小・中学校における学習指導要領において，次のように示されている。

> 全校又は学年の児童（生徒）で協力し，よりよい学校生活を築くための体験的な活動を通して，集団への所属感や連帯感を深め，公共の精神を養いながら，第1の目標に掲げる資質・能力を育成することを目指す。

2017（平成29）年告示の学習指導要領では，目標が資質・能力を中心とした構成で示された。

第1の目標に掲げる資質・能力とは，「人間関係形成」「社会参画」「自己実現」の3つの視点を包含しており，集団や社会の形成者としての見方・考え方を働かせることを念頭におきながら育まれるものである。

具体的には，「知識及び技能」「思考力，判断力，表現力等」「学びに向かう力，人間性等」の3つが柱として掲げられる。

(2) 学校行事の学習過程

学校行事のなかで行われる子どもの活動は，ほかの活動と比較して，次のような特徴をもつ。

　○学級の枠を超えた大きな集団による活動
　○教科の枠を超えて学習成果を発揮する，総合的で体験的な活動
　○学校生活に折り目や変化，リズムを与える非日常的な活動

子どもは，日常の学習では得ることのできない体験，例えば異年齢集団における交流，学級担任以外の教師からの指導，地域の人々との交流などを通して，集団への所属感や連帯感を高めていく。

　この活動は，全校あるいは学年団といった比較的大きな集団であるため，教師側に長期的な視野（マクロの視点）と計画の綿密さ（ミクロの視点）の双方が必要になる。そして最終的には，子ども一人一人が活動の意義を理解し，役割による責任感や協調性をもちながら自主的・実践的に活動へ取り組み，新たに課題を見つけ，改善していくというサイクルを意識することが重要である（図13－①参照）。

　ただし，学校行事はそれぞれが異なる意義をもつ行事の総体であり，各行事の特色が独立して存在するため（次ページの学校行事の内容を参照），活動のなかで育まれる資質・能力は画一的なものではない。

図13－①　中学校学校行事における学習過程（例）

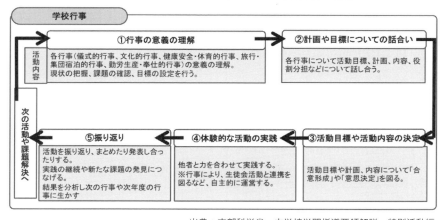

出典：文部科学省　中学校学習指導要領解説　特別活動編

　例えば，樽木（2005，2013）は，学校行事の効果として，子どもの人格形成，友人関係，責任感，学級集団としての独自性・凝集性の高まり，などをあげる。河本（2014）は，集団宿泊行事を通じての自己信頼感の高まり，体育大会における自己有能感や勤勉性の高まり，文化祭における自主性や協働性の高まりなど，学校行事が個人の発達にさまざまな影響を与えていること

第13章　学校行事とは

とを報告している。

　このように，各行事における活動を通して育成される資質・能力は，学校行事の第1の目標となる資質・能力の3つの柱と関連して「何ができるようになるか」といった具体的な成果として可視化し，活動の改善に向けて評価する（振り返る）ことが大切なのである。

第2節　学校行事の内容

（1）学校行事の内容

　学校行事の内容は，小・中学校では次の5種類に分類される。

①儀式的行事　（例：入学式，卒業式，朝会など）
②文化的行事　（例：学習発表会，合唱祭，弁論大会など）
③健康安全・体育的行事　（例：健康診断，避難訓練，運動会など）
④遠足（旅行）・集団宿泊的行事　（例：修学旅行，移動教室など）
⑤勤労生産・奉仕的行事　（例：校内美化活動，勤労体験など）

　2017（平成29）年告示の学習指導要領では，③健康安全・体育的行事の部分に「事件・事故，自然災害から身を守ること」という文言が追加された。

　さらには，各行事の種類ごとに内容を重点化し，体験活動を充実させると同時に「事後の活動（振り返り・まとめ・発表）の充実」が明記された。

（2）各行事で育まれる資質・能力

①儀式的行事

　学校生活に有意義な変化や折り目をつけ，厳粛で清新な気分を味わい，新しい生活の展開への動機付けとなるようにすること。

　儀式的行事は，学期や学年，学校生活の初めと終わりのけじめであり，これまでの学びやこれからの生活を見つめ直すための節目として重要な行事である。

　例えば，「なぜ厳粛な雰囲気で行う必要があるのか」「マナーや気品ある行動はどのような場面で必要となってくるのか」などの理解が不足していると，行事自体が形骸化し，子どもは教師のいないところで騒いだり，消極的な反発が起こってくるかもしれない。教師は，一人一人が儀式的行事を行う意味を理解できるよう，生徒会などの活動と連携し，個人の自覚を促すことで，

148

第２節　学校行事の内容

子どもの使命感や責任感などの資質・能力の伸長が期待される。

②文化的行事

> 平素の学習活動の成果を発表し，自己の向上の意欲を一層高めたり，文化や芸術に親しんだりするようにすること。

　文化的行事は，文化や芸術に親しみながら，これまでの学習の成果を発信する行事である。多様な文化や芸術にふれることで，豊かな情操を育てることを目的としている。

　しかしながら，例えば，クラスでいくつかの学習班をつくり，学習した成果を模造紙に書いて披露する場面において，グループ内でフリーライド（ただ乗り）する者がおり，一人の子どもに準備・片づけをほとんど任せている，といった状況があるかもしれない。

　教師は，行事においてどのような役割が必要となるかをあらかじめ子どもに考えてもらう機会をつくり，ひと役ずつの意味や責任範囲を明確に伝えること，そして全員で約束することで，だれ一人として活動をしない人がいない状況を支援する必要性がある。

　役割をまっとうすることで，子どもは互いの知識や技能を高めることに加えて，お互いを認め合う雰囲気が生まれ，向上心や自己効力感などの資質・能力の伸長が期待される。

③健康安全・体育的行事

> 心身の健全な発達や健康の保持増進，事件や事故，災害等から身を守る安全な行動や規律ある集団行動の体得，運動に親しむ態度の育成，責任感や連帯感の涵養，体力の向上などに資するようにすること。

　健康安全・体育的行事には，多くの子どもが楽しみにしている運動会（体育祭）などの行事が含まれる。

　例えば，運動会（体育祭）は個人競技，団体競技とあるが，運動能力の差により競争原理が働きやすいため，結果の優劣により集団の目的達成が左右されてしまう状況が起こるかもしれない。そういった状況をあらかじめ教師が想定し，プログラムを工夫したり，必ずしも運動が得意でない子どもでも活躍できる場面を設定するなど，すべての子どもが活躍できるよう，みんな

149

第13章　学校行事とは

で考え，支援する雰囲気をつくる必要がある。

　子どもは，体力の向上や規律ある集団行動の仕方を身につけると同時に，他人の気持ちを理解する力（共感性）などの資質・能力の伸長が期待されるのである。

④遠足・集団宿泊的行事

> 　平素と異なる生活環境にあって，見聞を広め，自然や文化などに親しむとともに，よりよい人間関係を築くなどの集団生活の在り方や公衆道徳などについての体験を積むことができるようにすること。

　遠足・集団宿泊行事は，自然体験のような非日常的活動が不足しがちな子どもたちにとって，体験の幅を広げ，豊かにするために意義ある活動となることが多い。

　しかしながら，例えば，行事の目的を理解せず，ただ楽しかったというだけの単なる観光で終わってしまうような状況が考えられる。

　そのような状況において教師は，学級活動の場面などを活用し，「どのような体験をすることがこの行事の目的なのか」を子どもにていねいに説明することで，事前事後の学習において体験がより深まるように促すことが求められる。

　子どもは，日常とは異なる環境下のルールや文化を理解し，新しい視点をもって学校生活における活動を捉えると同時に，文化に応じたスキルの発揮の仕方を学ぶことで，表現力・判断力などの資質・能力の伸長が期待されるのである。

⑤勤労生産・奉仕的行事

> ＜小学校＞
> 　勤労の尊さや生産の喜びを体得するとともに，ボランティア活動などの社会奉仕の精神を養う体験が得られるようにすること。

> ＜中学校＞
> 　勤労の尊さや生産の喜びを体得し，職場体験活動などの勤労観・職業観に関わる啓発的な体験が得られるようにするとともに，共に助け合って生きることの喜びを体得し，ボランティア活動などの社会奉仕の精神を養う体験が得られるようにすること。

　勤労生産・奉仕的行事は，職場訪問やボランティア活動などがあり，勤労

の価値や必要性を体得できるようにすること，奉仕の精神を身につけること
などが目的としてあげられる。

例えば職場訪問において，職業選択に迷っている，あるいは別の職業に興
味が移行している子どもは，希望の職場を訪問できなかった場合，「将来こ
こで働くわけではないから」といった理由で活動全体に意欲的に取り組めな
い状況が考えられる。

教師は，学校や地域社会などの公共のために役立ち，働くことへの関心を
子どもにもってもらうために，例えば「もしこの職業（役割）が無くなって
しまったら」といったテーマで逆説的に奉仕や勤労の重要性を理解させ，ど
れも重要な職業であることを説明する必要がある。

子どもが，勤労にすすんで興味をもち，将来を見すえて知識や技能を能動
的に学ぶなかで，キャリアを構築する力の伸長が期待されるのである。

第3節　学校行事の指導計画における考え方

（1）指導計画を作成する際の留意点

学校行事は，子どもがよりよい学校生活を送るために，学校全体の共通理
解のもとで年間指導計画を作成し，実施していくものである。

指導計画を作成する際の留意点としては，まず，「見方・考え方」，および
「育成を目指す資質・能力」との区別と両者との関連づけである。5種類の
各行事の特質に応じて，具体化した資質・能力が示されており，総じて，第
1の目標に掲げる3つの資質・能力を育成しようとするものであるため，ね
らいや評価基準を明確にしておく必要がある。

さらに，このような関連づけは特別活動場面に限定したものではない。各
教科，道徳科，外国語活動，総合的な学習の時間などの指導との関連性を考
慮し，学校行事で身につけた資質・能力をほかの学習にも生かせるよう，計
画することが重要である。

また，学校行事は時間的・内容的に非日常的な性格をもつため，ときに予
期せぬ事態が生じる可能性がある。危険な事態を事前に想定し，細心の注意

第13章　学校行事とは

をもって準備・計画しておく必要がある。

（2）指導計画を実施する際の留意点

　教師が実際に指導する際に，特に気をつけることは以下の3点である。

①子どもの自主性を尊重した活動への取り組み方（構造化）の支援

　教師は目的を伝えたのち，活動段階で子どもにすべての進行を任せるのでは，実際は予想以上に時間がかかり，子どもの参加意欲の低下につながってしまう恐れがある。例えば，協同学習の際の基本的なルールを説明したうえで，ジグゾー法やバズ学習法などを紹介し，実際に取り組ませてみるのもよいだろう。

②学校行事に取り組む子どものたちの特性や発達段階に応じた介入

　教師はうまく取り組めない子どもに対して，その子の努力不足や責任感のなさとして結論づけるのではなく，活動を見守るなかで情報を収集し，総合的にその子どもの状況を理解する必要がある。

　例えば，不安が強く，活動に何から取り組んでいけばよいかわからない子どもに対しては，教師はまずプレッシャーのかからないやわらかい言葉がけを意識する。子ども同士の場合は，1つ1つ達成した活動をグループ内で共有させ，お互いを認め合う活動を入れるのもよい。

③家庭や地域との積極的な連携

　子どもは，学校生活において年齢の近い者同士の交流が主であり，異年齢集団との交流の機会が乏しくなりがちである。学校行事を公開し，背景の異なる者同士の交流を活発化することにより，子どもは教師以外の大人からさまざまな知識や考え方を得る契機となる。

　また，地域の伝統芸能を実際にやってみる（例：よさこい）という活動を通して，文化理解と地域への貢献，日本人としての誇りの感覚が芽生えることが期待される。

　教師は行事の目的を説明し，地域の方々や保護者の納得や協力を得ることで，子どもとの情報共有もしやすくなり，子どもたちをみんなで育てようという意識が地域ぐるみで促進されることが期待できるのである。

第14章 学校行事の指導の実際

第1節 学校行事の指導のポイント

　ここでは，「学校行事の意義の理解」「計画や目標についての話合い」「活動目標や活動内容の決定」「体験的な活動の実践」「振り返り」といった学習過程を踏まえた学校行事の指導において，「相互対話型指導」を行った事例を紹介する。相互対話型指導とは，教師と子どもが相互的なやり取りを通じて思考活動を展開させていく指導である（瀬尾，2008）。河村（2017）は，相互対話型指導を行う教師の行動の特徴として，

　①つまずきを解決するための思考活動を教師と学習者が対話的に行う
　②学習者自身に思考活動の成果をまとめさせる機会を多く設定する

とし，さらに，指導方略例として，「どうすれば間違わないか尋ねる」「どのように考えたか説明させる」「教師の前で問題を解くように指示する」をあげ，これらは子どもの答えが正解かどうかよりも思考させること，その思考のプロセスを大事にしていると指摘した。

第2節 指導事例A：音楽会（文化的行事）

　中学1年生1学級に対して，2学期，11月の音楽会（文化的行事）に向けて行った実践を紹介する。なお，学級集団の状態は「親和的なまとまりのある学級集団」（親和型）であった。

第14章　学校行事の指導の実際

（1）「学校行事の意義の理解」と「計画や目標についての話合い」
①学級担任が意義を語る

　「音楽会という行事を通して，一人一人の成長，学級としての成長，そして最高の思い出をつくってほしい。音楽会は，みんなの心を一つにして協力するというすばらしい体験をするチャンスです」と音楽会の意義について学級担任が語った。音楽会を行うことは，個人にとっても，学級集団にとっても意義があることだと伝え，子どもたちが前向きに取り組めるようにしたいと考えた。

②全体に対して理想の姿を問う

　「いい音楽会とは，どんな音楽会だと思いますか」と問い，子どもが意見を発表するようにした。「みんなと協力できる音楽会です」「来てくれる人が感動する音楽会です」などの意見が出た。ここでは，音楽会の理想の姿や理想の取り組みをみんなで共有したいと考えた。

③個々の子どもに対して理想の姿を問う

　「どのような音楽会にしたいですか」と問い，一人一人が自分の意見を書く。ここまで（①～③）を朝の学習の時間（15分間）に行った。最後に，音楽会をよりよいものにするために，自分の意見が書けたことを称揚した。ここで書かれた意見が，音楽会に対しての考えが深まっていないと感じられる内容だった場合は，書かれていた内容を全員に紹介した後，しっかりと考えられている意見を取り上げて紹介し，称揚したうえでもう一度，「どのような音楽会にしたいですか」と問い，理想の姿や理想の取り組みに対する考えを深める活動を行うとよいと思われる。この事例では，一度で音楽会に対しての考えが深まっていると感じられる意見が出された。

（2）「計画や目標についての話合い」と「活動目標や活動内容の決定」
④理想の姿を共有し，価値があると思うものをピックアップする

　目標をつくるために，「どのような音楽会にしたいか」について一人一人が書いた意見を，全員分をまとめて一覧にしたプリントを配布する。学級担任が全員の意見をゆっくり読み上げる。その際，子どもたちは全員分の意見が書かれたプリントを見ながら聞き，「いいな」「大切だ」と思う言葉に赤鉛

筆でアンダーラインを引く。全員の意見を読み上げた後，自分が赤線を引いたキーワードを見直し，そのなかから1つか2つのキーワードを選んで，B4サイズの用紙を短冊状に切ったものに1語ずつ書く。④を朝の学習の時間（15分間）に行った。

⑤共有した理想の姿をまとめる

④で書いたキーワードについて，「どうしてその言葉を選んだのか」という理由とともに発表させた。さらに，発表後にキーワードの仲間分けをするようにした。どこにおけばいいか迷う子どももいるので，「仲間分けをしてくれる人はいませんか」と聞き，希望する子どもが仲間分けをするようにした。すべての発表が終わると，5つのまとまりができ，その一つ一つについて，「それぞれをまとめるキーワードを考えてみよう」と伝え，話し合った。結果，「一人一人の成長」「クラスの成長」「助け合う」「心を一つにする」「本気」の5つになり，この一つ一つが達成できる音楽会にしようと呼びかけた。

⑥共有した理想の姿にニックネームをつける

最後に，これらのニックネームを決めた。話し合った結果，音楽会を成功させるために必要であること，これが一番大切などの理由から「本気」となった。学級の取り組みである音楽会について，真剣に話し合えたことを称揚した。⑤と⑥を学級活動の時間，1時間で行った。

⑦実行委員を決める

音楽会の取り組みの中心になってみんなのために活動する実行委員を決めた。実行委員の役割や取り組みの約束を伝えた。

---

①実行委員の役割
・音楽会の目標を達成できるようにするための取り組みを提案する。
・提案は必ずみんなの前で事前に知らせる。
・音楽会の目標に向けて，がんばろうと思えるようみんなを盛り上げる。
②取り組みの約束
・実行委員の話をみんなは静かに聞く。
・実行委員の提案に対する意見は，みんながいるところで伝える。

上記のことを伝え，実行委員を子どもたちが納得する方法で男女1名ずつ決めた。

第14章　学校行事の指導の実際

⑧目標達成に向けて，取り組み案を募集

音楽会の目標達成に向けて，取り組みの案をみんなから募集した。

どうすれば目標を達成できるのかを考えさせるために，実行委員が司会をして，取り組みの案を募集した。取り組みの案は，「目標の○○を達成するために，□□をするとよいと思います」という形で発表するようにし，さまざまな意見が出された。最後に，目標を達成させるためには，みんなが出してくれた取り組みの案だけでなく，実行委員が考えた取り組みを行うこともあると伝えた。⑦と⑧を学級活動の時間，1時間で行った。

⑨実行委員による取り組みの提案

みんなが出してくれた取り組みや実行委員と学級担任とで相談しながら，具体的な取り組みを考えた。取り組みを考える際には，実行委員に，どのように考えたかをできるだけ説明させるようにした。そうすることで，みんなに伝えるときに，考えた理由を言えるようにしたいと考えた。実行委員を中心として，○休み時間に練習をすること，○練習のグループメンバーとグループのリーダーを決めること，○音楽担当教師から歌い方のポイントを聞き，みんなに伝えること，○休み時間に合唱曲の歌い方のポイントを意識して歌う，○歌い方のポイントがどこまでできているのかを確認をすること，などの取り組みを考え提案し，実行していった。

（3）「体験的な活動の実践」と「振り返り」

⑩取り組みの課題

これらの活動を行うなかで，問題となったのが，休み時間の練習の取りかかりが遅い人がいることであった。このことについては，学級活動の時間に話し合うことになった。

⑪課題解決に向けた話合い

休み時間の練習の取りかかりが遅いことについて，事前に実行委員とどのように話合いを進めるのかを確認した。実行委員が練習の取りかかりが遅い人をチェックしており，その子どもに「どうして遅れるのか」と遅れる理由を聞いた。すると，「トイレに行って，そのときに話をしていて遅くなってしまう」「いつも遅れている人がいるので，自分もちょっとくらい遅れても

第2節　指導事例Ａ：音楽会（文化的行事）

いいと思っていた」などの理由が出された。話し合った結果，余裕をもって
トイレに行ける３分後に歌を練習開始することが決まった。決まった日の帰
りの会で実行委員が約束を守れたか確認をするようにした。

（4）「振り返り」

⑫取り組みをよりよくするための話合い

　活動の成果をまとめる機会を設定するために，練習が軌道に乗ってきた段
階で，休み時間での練習が，音楽会の目標達成に向けた練習になっているか
どうかについて意識調査を行った。「完璧にできている」「まあまあできてい
る」「できていない」の３段階で問い，正直な意見が出せるようにするため
に，全員が顔を伏せた状態で挙手をして確認をした。最初は，ほとんどの子
どもが「まあまあできている」で，完璧にできていると回答した子どもは
10名ほど，できていないという子どもも３名ほどだった。そこで，できて
いないという意見があることと，完璧ではないという子どもがどうすれば完
璧になるかについて話し合った。すると，「歌い方のポイントを意識できて
いない人がいる」，「このままの練習だとみんながうまくならない」などの意
見が出されて，同意する意見も多数出た。どうすればよいか，意見を求める
と，歌い方のポイントを意識できていない人が複数人いるグループでは，で
きていない人が一人で練習をしているときがあるので，歌い方のポイントが
意識できている人とできていない人の４人組のペアをつくることになった。
さらに，４人組のリーダーを決め，毎朝，実行委員と４人組のリーダーが集
まって，うまくいかないことなどについてミーティングを行った。解決方法
がわからないときのみ，学級担任のところに来るように伝えた。

⑬本番に向けて，音楽会への思いの共有

　前日には，音楽会への思いを一人一人が発表した。「本番を成功させたい」
「実行委員のおかげでいい練習ができた」「本番を最高の思い出にしたい」な
ど，一人一人が本番に向けて，思いのこもった発表をすることができた。

⑭達成感を感じさせるための振り返り

　本番の後，子どもたちに大成功だったこと，一人一人の努力が音楽会の発
表を成功させたことを伝えた。どの子どもも，充実した表情を浮かべていた。

157

第14章　学校行事の指導の実際

そして，音楽会の練習から本番までで自分が感謝したい人にメッセージ（あ
りがとうカード）を書いて渡す活動をした。実行委員に対して書いている子
どもや4人組のメンバーに書いている子どもなど，一人の子どもが複数の人
にカードを渡していた。

第3節　荒れの見られる集団で行う学校行事の指導のポイント

　次に，不安定な要素をもった学級集団での運動会のリレー（健康安全・体
育的行事）の実践を取り上げて，集団に荒れが見られる状態で行う学校行事
の指導のポイントについて解説する。

　練習の段階で，子どもの意見を採用してルールを内在化させ，定着を図り，
次いで子どもを賞賛してリレーションをつくり，特別活動の大きな目標であ
る子どもの自主性を育てた好事例である。

（1）指導事例B：運動会（健康安全・体育的行事）

　小学4年生1学級に対して1学期，5月の運動会のリレーのために行った
実践である。

①序盤は教師が主導する

　不安定な要素をもった学級集団であるため，学級全体よりも，小グループ
の方がまとまって活動できると考えた。そのため，運動会のさまざまな活動
のなかでも，学級対抗リレーでの取り組みを行った。学級対抗リレーでの取
り組みとしたのは，運動会の種目のなかでも，意欲的に取り組む子どもが多
いと感じたことも理由の一つである。学級集団の状態から，取り組みを継続
するのがむずかしいと考え，実態に合わせて運動会当日2週間前から取り組
みを開始した。

　事例Aの①〜⑥については，「A」と同様に行った。しかし，リーダーシ
ップをとる実行委員に対して，批判的な見方をする子どもがいる可能性があ
ったため，実行委員はつくらずに行った。また，休み時間の練習は，子ども
だけではうまく運営できないことが予想されたので，取り組みを始める前に，
学級担任が練習を呼びかけ，リレーの練習をしたいと思った子どもたちを集

158

めて，リレーのバトンパスの練習を休み時間に行った。何度も行うことで，練習のモデルを示すことができたと思われる。

②学級会で活動プロセスを意識させる

目標を決めた日に，明日から練習をしようと呼びかけた。練習前に，練習をするときにしてほしくないことを学級の子どもたちに聞いて確認した。「やる気がない走り方をしないでほしい」「リレーの練習中にほかのところに行って遊ばないでほしい」「『○○くんのせいで負けた』などは言わないでほしい」などの意見が出た。

休み時間の練習がスタートした後は，事例Ａの⑫（取り組みをよりよくするための話合い）を行い，活動をよりよいものに改善していった。

運動会当日，緊張しながらも懸命に取り組んだ。結果は，学年で１位であった。事前の学年練習では３位だっただけに，喜びも大きかったようである。

③運動会後の様子

終わった後は，事例Ａの⑭（達成感を感じさせるための振り返り）を行った。運動会後に，走るのが苦手な子どもの保護者に感謝のお手紙をいただいた。運動会のリレーの練習は，いつも「お前のせいで，遅くなった」と言われるような気がして心配していたそうだが，今年はその心配をしなかっただけでなく，本番が終わった後，子どもが「楽しかった」と初めて言っていたとのことだった。だれも責められないような雰囲気で練習を行えたことは，走るのが苦手な子どもにとって参加しやすく，思い出深いものになったのだと感じた。

（2）目標の設定のポイント

運動会のリレーで求められる目標は，中学年であることから考えて，「自分の役割に気づき，学級やリレーチームの仲間と協力して活動できる」としたい。また，この活動を通してチームワークの形成，コミュニケーション・スキルの向上をあげたい。なお，目標設定については，特別活動の特質（集団活動であること，自主的な活動であること，実践的な活動であること）と教育的意義から考えて，学級が荒れた状態であっても，「親和的でまとまりのある学級」と同じとしたい。ただ，学習活動の指導方法については，学級

第14章　学校行事の指導の実際

の状態に合った方法が必要であると考える。

（3）全体計画のポイント

全体計画は，①事前学習，②練習，③当日，④事後の4つの学習過程に分け，各過程での学習活動と指導上の留意点について解説する。

①事前学習でのポイント

事前学習では，まず運動会（全体）とはどのような行事であるか確認する。4年生なので，これまで1～3年生まで3回経験しており，そのとき，上級学年がどのような活動をしていたか思い出して語ることはむずかしいことではない。ただ，本来リーダーシップをとる実行委員を選定した場合，批判的な見方をする子どもがいる可能性があると担任が判断したため，この時点で集団の実行委員（リーダー）を決めずに，担任がリーダーとなって練習を呼びかけた。この方法は，「荒れた学級」で教科の授業を行うときに，教師が，説明を短くしてモデルを示したり，事前に取り組む範囲を示し，やり切れる内容がわかるように指示するなどして，子どもたちに「やらなければならない」という規範意識をもたせるのと同じ方法である。一方，「親和的な学級」の場合は，事例Aのような「チャレンジカード」（仮称）に子ども一人一人が自分の意見を書いて発表し，各自の目標を明確にさせて意欲をもたせる方法を事前学習の段階から行うことが望ましい。

このことにより，「出し合う→比べ合う→まとめる」の思考力，判断力，実行力をこの最初の時点から育てることができる。

②練習でのポイント

練習を2週間前からとしたのは，担任が学級集団の状態から，長期間の練習継続ができないと判断したからである。ここでは，みんなで取り組む種目を知り，種目の特性も知って仲間と協力していくことを確認する。リレー競技は，一人一人の速さも大事だがバトンパスの技術も大きな影響を与える。オリンピックの日本のチームが，バトンパスの巧みな技術でメダル取得した例などを紹介すると興味・関心がわくと思われる。

「事例B」では，練習についても子どもの自主的な運営が期待できないため，担任が，練習希望者を呼びかけ，参加を希望した意欲の高い子どもをモ

デルとして選び，練習を行った。さらに，参加希望者を学級のモデルとして育てる必要があったため，まずモデルの子どものルールづくりから始めた。ルールづくりでは，ルールの内在化を図るため，「練習をするときにしてほしくないこと」という内容で，子どもの意見を聞いたところ，「やる気がない走り方をしない」「リレーの練習中にほかのところに行って遊ばない」「『だれかのせいで負けた』などとは言わない」などの意見が出て，それらを約束し，再契約した。

　リレーのバトンパス練習を何度も行った結果，みんなで約束したルールが功を奏したこともあり，チームワークや，モデルとなれる技術が身についていったのだろう。また，「事例A」と同様に，「みんなで約束したルールが守れたか」「本日の技術の目標が達成できたか」など，「チャレンジカード」をもとに，目標に対しての達成状況を振り返った。担任は，子どもたちの振り返り評価の様子を確認し，ほめるなどの賞賛や，必要に応じてアドバイスを行い，意欲の継続を図った。このように，子どもたちだけで自主的に活動できない集団においても，継続した賞賛と適切なアドバイスをすることにより，自己肯定感とチームワークなどの人間関係形成ができると考える。

③当日のポイント

　運動会当日の朝，担任は目標に向かって元気に活動するよう全体に声をかける。これまでの練習でのがんばりを賞賛したり，励ましたりして，協力してリレー，とくにバトンパスの上達を目標に協力して取り組んだことを再確認して，達成の充実感を味わわせる。

④事後のポイント

　②の練習でチームワークができてきたので，事例Aのように，「チャレンジカード」をもとにリレー競技への子どもたちのかかわりや活動について振り返り，友達と協力してできたか，一人一人が目標に向かってがんばることができたかなどを考えさせる。担任は，子どもたちが2週間にわたって一生懸命取り組んできたことを賞賛し，事前から当日までにみんなで学んだことや自分で学んだことが，これからの学校生活に生かせるということを伝えることが重要である。

第15章

特別活動における評価

第1節　特別活動における評価の意義

　評価については，学習指導要領第1章第3の2の(1)で，次のように示している。

> 児童（生徒）のよい点や進歩の状況などを積極的に評価し，学習したことの意義や価値を実感できるようにすること。また，各教科等の目標の実現に向けた学習状況を把握する観点から，単元や題材など内容や時間のまとまりを見通しながら評価の場面や方法を工夫して，学習過程や成果を評価し，指導の改善や学習意欲の向上を図り，資質・能力の育成に生かすようにすること。

　各教科の場合，具体的な到達目標が立てられ，担当している教師がそれをもとに評価をするが，特別活動の場合は明確な到達目標を立てるのがむずかしく，また学年や全校単位で活動を行うこともあり，評価についてもどのように進めればよいかイメージしにくいかもしれない。しかし，特別活動は各教科，道徳科，外国語活動，総合的な学習の時間などとともに教育課程に明確に位置づけられている重要な教育活動の一つであり，ほかの領域と同様，計画的，客観的な評価が必要になってくる。特に特別活動では学校の創意工夫を生かし，学級や学校，子どもの発達段階などの実態に応じた指導計画と弾力的な運用が求められている。そこで教育活動の目標に照らし合わせてどの程度達成できたのか，また何を改善すべきなのかを把握することは特別活動における評価の意義であり，とても重要なものとなる。

　特別活動における評価では，子どもたち一人一人のよさや可能性を積極的に認めるとともに，主体性や自律心，協働性をもつ豊かな人間性や社会性な

ど，生きる力を育成するという視点から進めていくことが大切である。そのためにも指導計画を作成したうえで，子どもたちが自己の活動を振り返り，新たな目標や課題をもてるようにするために，活動の結果だけではなく，活動の過程における努力や意欲を積極的に認めたり，多面的・総合的に評価したりすることが必要となる。

　また，特別活動においても，計画，実践，評価という一連の活動が繰り返されながら，子どものよりよい成長を目指した指導が展開されていく。そこで評価については，指導の改善に生かすという視点，つまり指導と評価の一体化も必要となる。そのためにも，特別活動を通して子どもたちに身につけさせたい資質・能力を明らかにしたうえで，どの程度達成できたのかを評価し，教師が指導の過程や方法について振り返り，より効果的な指導を行えるように工夫や改善を図っていくことが大切になる。こうした教師側からの評価だけではなく，子どもの活動意欲を喚起する評価にするために，自己や他者に対するよさや可能性を見いだせるような自己評価や相互評価を取り入れる必要がある。なお，自己評価や相互評価については学習活動の一環であり，それだけをもって評価とすることは適切ではないが，評価の参考資料として適切に活用することで子どもの学習意欲の向上につなげることができる。

集団活動のアフターケアを忘れずに

　集団活動を行うことで人間関係の問題や個人の問題が表面化することがある。なかには過剰適応を起こし，傷ついているにもかかわらずそれを表面に表さない子どもも少なくない。担任による観察や子どもの自己評価だけでは気づかないこともあるため，個人面接やほかの教師からの聞き取り，Q-Uのような学級集団アセスメントを利用しながら，子どもたちの状態を把握し，必要ならば個別に声をかけたり，『気になることがあったら遠慮なく先生や保護者に伝えてください』といった声がけを行う必要があるだろう。

　特別活動は，各教科などにおける主体的・対話的で深い学びの実現や，学びに向かう主体的で協働的な集団づくりの基盤となる活動である。また，各教科で身につけた資質・能力は，特別活動での実践に生かすことが求められている。つまり，特別活動と各教科などは深い関連があり，子どもたちの資質・能力をより高めるためには特別活動においても評価を欠かすことができない。評価を通して子どもたちの人間形成を図るとともに，指導の改善に生

第15章　特別活動における評価

かすことはとても重要である。

第2節　特別活動における評価の方法

（1）評価の進め方

　特別活動の評価は，学習指導要領の「特別活動の目標」と自校の実態を踏まえ，改善等通知（文部科学省，2019）の例示（表15−①〜③）を参考に，特別活動の「評価の観点」とその趣旨を設定し，各活動・学校行事の内容のまとまりごとに評価規準を設定し，評価を行う。なお，評価の手順については表15−④に示した。

　特別活動は，学級だけではなく，学年や全校を単位として行う活動もあるため，評価にあたっては，評価体制を確立し，学校全体で組織的に取り組む必要がある。評価に関する教師同士の話合いや情報交換を進め，いつ，だれが，どのような方法で行うのか共通理解を図ることが大切となる。なお，指導後の子どもの状況を記録するための評価については，ある程度長い区切りのなかで行い，授業改善のための評価は日常的に行うことが大切である。

（2）評価の種類と資料収集の方法

　評価には指導の前に行われる「事前評価」，指導の過程に行われる「形成的評価」，指導の後に行われる「総括的評価」がある。また，評価するものとして，活動時の子どもの実態だけでなく，指導前や指導後の子どもの実態とその変容に加えて，指導のあり方（指導計画，実際の指導，指導効果）などがあげられる。

　評価に関する資料収集の方法としては，①教師による「観察法」や「面接法」，②質問紙やアンケートなどを使って行う「調査法」，③子どものワークシートや作品，振り返りの記述，自己評価，相互評価などの「活動の記録・資料の活用」などがあげられる。

　「観察法」は観察者の主観が影響するため，さまざまな教師からの情報を集めたり，チェックリストを用いて行ったりする必要がある。「調査法」の場合，数値データだけでなく，併せて調査時の子どもの様子はどうだったの

164

第2節　特別活動における評価の方法

かといった状況の観察記録も残すことが大切になる。「活動の記録・資料の活用」では，記録を蓄積することにより，他者との比較によるものではなく，子ども個々人のなかでどのように成長したのかを把握する必要がある。教師の評価と併せて，子どもの自己評価や子ども同士の相互評価を参考にすることも考えられるが，子どもの評価をそのまま教師の評価とすることのないよう配慮する必要がある。

　以上が評価に関する資料収集の方法となるが，その場面における子どもの学習状況を的確に評価できる方法を複数選択し，多面的・総合的な評価を工夫していく必要がある。

表15－①　特別活動における「評価の観点及びその趣旨」をもとにした例

よりよい生活を築くための知識・技能	集団や社会の形成者としての思考・判断・表現	主体的に生活や人間関係をよりよくしようとする態度
多様な他者と協働する様々な集団活動の意義や，活動を行う上で必要となることについて理解している。 自己の生活の充実・向上や自分らしい生き方の実現に必要となることについて理解している。 よりよい生活を築くための話合い活動の進め方，合意形成の図り方などの技能を身に付けている。	所属する様々な集団や自己の生活の充実・向上のため，問題を発見し，解決方法について考え，話し合い，合意形成を図ったり，意思決定したりして実践している。	生活や社会，人間関係をよりよく築くために，自主的に自己の役割や責任を果たし，多様な他者と協働して実践しようとしている。 主体的に自己の生き方についての考えを深め，自己実現を図ろうとしている。

表15－②　特別活動における資質・能力の視点（「人間関係形成」「社会参画」「自己実現」）をもとに重点化を図った例

集団や社会に参画するための知識・技能	協働してよりよい生活や人間関係を築くための思考・判断・表現	主体的に目標を立てて共によりよく生きようとする態度
多様な他者と協働し，集団の中で役割を果たすことの意義や，学級・学校生活を向上する上で必要となることを理解している。 よりよい生活づくりのた	多様な他者と協働して，よりよい生活や人間関係を築くために，集団や個の生活上の課題について話し合い，合意形成を図ったり，意思決定したりして実践している。	学級や学校の一員としてのこれまでの自分を振り返り，なりたい自分に向けて目標をもって努力し，他者と協働してよりよく生きていこうとしている。

165

第15章　特別活動における評価

めの話合いの手順や合意形成の図り方などの技能を身に付けている。		

表15-③　社会参画に重点化を図った例

多様な他者と協働するために必要な知識・技能	集団や社会をよりよくするための思考・判断・表現	主体的に集団活動や生活をよりよくしようとする態度
学級・学校生活の充実のために主体的に参画することの意義や，そのための話合いの手順を理解している。 学級会等における合意形成の図り方などの技能を身に付けている。	学級・学校生活の充実・向上のために課題を考え，話し合い，集団としての解決方法を合意形成を図って決定したり，自分の実践目標を意思決定したりしている。	学級・学校の生活の改善・充実を図るために，多様な他者のよさを生かし，協働して実践しようとしている。 なりたい自分を目指し，これまでの自分を振り返り，これからの集団活動や生活に生かそうとしている。

　特別活動の評価の観点は，特別活動の目標や内容のまとまりを踏まえ，育てたい資質や能力などに即して<u>各学校で設定する</u>。文部科学省からは，
●よりよい生活を築くための知識・技能
●集団や社会の形成者としての思考・判断・表現
●主体的に生活や人間関係をよりよくしようとする態度
の３つの観点が例示されている。このうち「集団の一員としての思考・判断・表現」の「表現」とは，思考・判断したことを表現するに留まらず，実践することまでを評価の対象としていることを示している。
　このように，特別活動の評価には「なすことによって学ぶ」という，特別活動の基本的性格を踏まえた視点を大切にして，実践の様子も観察記録し，次の指導に生かせるようにする。

表15-④　評価の手順

①特別活動全体および内容ごとの指導と評価の計画を作成する（評価体制を確立し共通理解を図る）。
②評価に関する多種多様な資料を収集する（積極的によさや可能性を見取る・教師間で情報交換を密にし，評価資料は学級担任の手元に届くようにする）。
③収集した資料を所定の基準や手続に基づいて総合的に判断し，評価する。
④評価結果を活用し，今後の指導や評価体制の改善に生かす。

第2節　特別活動における評価の方法

表15－⑤：特別活動の内容のまとまりごとの評価規準に盛り込むべき事項等
（小学校高学年の場合）

		目標	内容	評価の観点及びその趣旨		
				よりよい生活を築くための知識・技能	集団や社会の形成者としての思考・判断・表現	主体的に生活や人間関係をよりよくしようとする態度
学級活動	学級活動(1)	学級や学校での生活をよりよくするための課題を見いだし，解決するために話し合い，合意形成し，役割を分担し，協力して実践したり，学級での話合いを生かして自己の課題の解決および将来の生き方を描くために意思決定して実践したりすることに，自主的，実践的に取り組むことを通して，第1の目標に掲げる資質・能力を育成することを目指す。	(1) 学級や学校における生活づくりへの参画 ア 学級や学校における生活上の諸問題の解決 イ 学級内の組織づくりや役割の自覚 ウ 学校における多様な集団の生活の向上	みんなで楽しく豊かな学級や学校の生活をつくるために他者と協働して取り組むことの意義を理解している。合意形成の手順や深まりのある話合いの進め方を理解し，活動の方法を身に付けている。	楽しく豊かな学級や学校の生活をつくるために，問題を発見し，解決方法について多様な意見のよさを生かして合意形成を図り，信頼し支え合って実践している。	楽しく豊かな学級や学校の生活をつくるために，見通しをもったり振り返ったりしながら，自己のよさを発揮し，役割や責任を果たして集団活動に取り組もうとしている。
	学級活動(2)		(2) 日常の生活や学習への適応と自己の成長および健康安全 ア 基本的な生活習慣の形成 イ よりよい人間関係の形成 ウ 心身ともに健康で安全な生活態度の形成 エ 食育の観点を踏まえた学校給食と望ましい食習慣の形成	日常生活への自己の適応に関する諸課題の改善に向けて取り組むことの意義を理解し，健全な生活を送るための知識や行動の仕方を身に付けている。	日常生活への自己の適応に関する諸課題を認識し，解決方法などについて話し合い，自分に合ったよりよい解決方法を意思決定して実践している。	自己の生活をよりよくするために，見通しをもったり振り返ったりしながら，自主的に課題解決に取り組み，他者と信頼し合ってよりよい人間関係を形成しようとしている。
	学習活動(3)		(3) 一人一人のキャリア形成と自己実現 ア 現在や将来に希望や目標をもって生きる意欲や態度の形成 イ 社会参画意識の醸成や働くことの意義の理解 ウ 主体的な学習態度の形成と学校図書館などの活用	希望や目標をもつこと，働くことや学ぶことの意義を理解し，自己のよさを生かしながら将来への見通しをもち，自己実現を図るために必要な知識や行動の仕方を身に付けている。	希望や目標をもつこと，働くことや学ぶことについて，よりよく生きるための課題を認識し，解決方法などについて話し合い，自分に合った解決方法を意思決定して実践している。	現在及び将来にわたってよりよく生きるために，見通しをもったり振り返ったりしながら，自己のよさを生かし，他者と協働して，自己実現に向けて自主的に行動しようとしている。
児童会活動		異年齢の児童同士で協力し，学校生活の充実と向上を図るための諸問題の解決に向けて，計画を立て，役割を分担し，協力して運営することに自主的，実践的に取り組むことを通して，第1の目標に掲げる資質・能力を育成することを目指す。	(1) 児童会の組織づくりと児童会活動の計画や運営 (2) 異年齢集団による交流 (3) 学校行事への協力	楽しく豊かな学校生活をつくる児童会活動の意義について理解するとともに，活動の計画や運営の方法，異年齢集団による交流の仕方などを身に付けている。	児童会の一員として，学校生活の充実と向上を図るための課題を見いだし，解決するために話し合い，合意形成を図ったり，意思決定したり，人間関係をよりよく形成したりして主体的に実践している。	楽しく豊かな学校生活をつくるために，見通しをもったり振り返ったりしながら，多様な他者と互いのよさを生かして協働し，児童会の活動に積極的に取り組もうとしている。

167

第15章　特別活動における評価

区分		目標	内容	評価の観点①	評価の観点②	評価の観点③
クラブ活動		異年齢の児童同士で協力し，共通の興味・関心を追求する集団活動の計画を立てて運営することに自主的，実践的に取り組むことを通して，個性の伸長を図りながら，第1の目標に掲げる資質・能力を育成することを目指す。	(1) クラブの組織づくりとクラブ活動の計画や運営 (2) クラブを楽しむ活動 (3) クラブの成果の発表	同好の仲間で行う集団活動を通して興味・関心を追求することのよさや意義について理解するとともに，活動を計画する方法や創意工夫を生かした活動の進め方などを身に付けている。	クラブの一員として，よりよいクラブ活動にするために，諸問題を見いだし，解決するために話し合い，合意形成を図ったり，意思決定をよりよく形成したり，人間関係をよりよく形成したりしながら実践している。	共通の興味・関心を追求するために，見通しをもったり振り返ったりしながら，他者と協働し，自分のよさを生かしてクラブの活動に積極的に取り組もうとしている。
学校行事	儀式的行事	全校または学年の児童で協力し，よりよい学校生活を築くための体験的な活動を通して，集団への所属感や連帯感を深め，公共の精神を養いながら，第1の目標に掲げる資質・能力を育成することを目指す。	(1) 儀式的行事 学校生活に有意義な変化や折り目を付け，厳粛で清新な気分を味わい，新しい生活の展開への動機付けとなるようにすること。	儀式的行事の意義や，その場にふさわしい参加の仕方について理解し，厳粛な場におけるマナー等の規律，気品のある行動の仕方などを身に付けている。	学校や学年の一員として，よりよい学校生活にするために，新しい生活への希望をもって，集団の場において規則正しく行動している。	厳粛で清新な気分を味わい，儀式的行事を節目として，見通しをもったり振り返ったりしながら，これからの生活への希望や意欲を高め，儀式的行事に積極的に取り組もうとしている。
	文化的行事		(2) 文化的行事 平素の学習活動の成果を発表し，自己の向上の意欲を一層高めたり，文化や芸術に親しんだりするようにすること。	文化的行事の意義や日ごろの学習成果を発表する方法，鑑賞の仕方について理解し，互いに発表し合ったり，鑑賞し合ったりする活動に必要な知識や技能，マナーなどを身に付けている。	学校や学年の一員として，楽しく豊かな学校生活にするために，多様な文化や芸術について考えたり，学習の成果を発表し合ったりして，互いのよさを認め合いながら実践している。	多様な文化や芸術に親しむとともに，自他のよさを見付け合い，自己を伸長し，見通しをもったり振り返ったりしながら，文化的行事に積極的に取り組もうとしている。
	健康安全・体育的行事		(3) 健康安全・体育的行事 心身の健全な発達や健康の保持増進，事件や事故，災害等から身を守る安全な行動や規律ある集団行動の体得，運動に親しむ態度の育成，責任感や連帯感の涵養，体力の向上などに資するようにすること。	心身の健全な発達や健康の保持増進，事件や事故，災害等の非常時から身を守ることなどについての意義を理解し，必要な行動の仕方を身に付けている。体育的な集団活動の意義を理解し，規律ある集団行動の仕方などを身に付けている。	学校や学年の一員として，健全な生活にするために，自己の健康や安全についての課題や解決策について考えたり，運動することの意義について考えたりし，適切に判断し実践している。	心身の健全な発達や健康の保持増進に努め安全に関心をもち，運動に親しみ体力を向上するために，見通しをもったり振り返ったりしながら，健康安全・体育的行事に積極的に取り組もうとしている。
	遠足・集団宿泊的行事		(4) 遠足・集団宿泊的行事 自然の中での集団宿泊活動などの平素と異なる生活環境にあって，見聞を広め，自然や文化などに親しむとともに，よりよい人間関係を築くなどの集団生活のあり方や公衆道徳などについての体験を積むことができるようにすること。	遠足・集団宿泊的行事の意義や校外における集団生活の在り方，公衆道徳などについて理解し，必要な行動の仕方を身に付けている。	学校や学年の一員として，よりよい集団活動にするために，平素とは異なる生活環境の中での集団生活の在り方について考えたり，共に協力し合ったりしながら実践している。	日常とは異なる環境や集団生活において，自然や文化などに関心をもち，見通しをもったり振り返ったりしながら，遠足・集団宿泊的行事に積極的に取り組もうとしている。
	勤労生産・奉仕的行事		(5) 勤労生産・奉仕的行事 勤労の尊さや生産の喜びを体得するとともに，ボランティア活動などの社会奉仕の精神を養う体験が得られるようにすること。	勤労や生産の喜び，ボランティア活動などの社会奉仕の精神を養う意義について理解し，活動の仕方について必要な知識や技能を身に付けている。	学校や学年の一員として，よりよい学校・社会にするために，自他のよさを生かし，よりよい勤労や生産の在り方，働くことの意義や社会奉仕について考え，実践している。	学校や地域社会のために役立つことや働くこと，生産し奉仕することに関心をもち，見通しをもったり振り返ったりしながら，勤労生産・奉仕的行事に積極的に取り組もうとしている。

第3節　特別活動における評価の具体

第3節　特別活動における評価の具体

（1）教師による評価

　観察や面接，子どもが記載した資料などをもとに，例示された3つの観点（「よりよい生活を築くための知識・技能」，「集団や社会の形成者としての思考・判断・表現」，「主体的に生活や人間関係をよりよくしようとする態度」）をもとに各学校で作成した評価規準にしたがって評価をする。具体的には次のようなチェックリストを作成して年間を通じて評価を行うなどさまざまな工夫が求められる。また特別活動には多くの教師が関わることが多いので，関係する先生方にもチェックをしてもらったり，子どものよさを書いてもらったりするなど，多面的に情報を得る必要がある。

図15-⑥　評価のチェック項目（例）

		チェック項目	名前	名前		名前
知識・技能	1	話合いや集団活動の流れを理解している				
	2	活動の目標を理解している				
	3	話合いの内容や課題解決の方法を理解している				
思考・判断・表現	1	テーマにそった話合いや活動をしている				
	2	学級集団のためによりよく判断し，行動している				
	3	みんなと協力して，自分の役割を果たしている				
主体的に学習に取り組む態度	1	学級生活の向上を意識している				
	2	学級生活向上のための方法を意欲的に考え，決めようとしている				
	3	学級生活の向上に向けて継続的に取り組んでいる				

（2）子ども自身による評価

　子どもによる評価では，自由に記述させる方法と，各項目に対してどの程度できたのか尺度をつかって尋ねる方法がある。また，より多くの情報を得るためにも自己評価だけでなく，他者のよかった点などを尋ねるとより多くの情報を得ることができる。なお，子ども自身による評価は，直接評価に生

169

第15章　特別活動における評価

図15－⑦　自己評価／尺度法

学級活動「○○○○」　　　　　　3年　　組（　）名前

次の質問について，自分が当てはまると思う番号に○をつけてください。

4……とてもそう思う　3……そう思う　2……あまり思わない

1……全然そう思わない

1	学級や自分の生活上の問題に気づくことができた	4　3　2　1
2	学級や自分の生活を向上させようと意識している	
3	学級や自分の生活の向上を目指して継続的に取り組んでいる	
4	提案理由やめあてにそって話したり，活動したりしている	

図15－⑧　自己評価／自由記述

学級活動「○○○○」　　　　　　3年　　組（　）名前

1．今日の学級活動でわかったことや気づいたことは何ですか？

2．今日の学級活動を通して，今後どのように生かしたり，活動したりしますか？

3．今日の班活動におけるMVP（努力した人，貢献した人，貴重な意見をしてくれた人など）はだれですか？またその理由を教えてください。

かすのではなく，教師が評価をつけるための参考資料として利用する。

（3）内容ごとの評価

①学級活動の評価

　学級活動「（1）学級や学校における生活づくりへの参画」では，日々の学級経営の充実と関わりをもたせながら，教師の適切な指導の下で，学級としての議題選定や話合い，合意形成とそれに基づく実践を重視している。活動形態としては，「話合い活動（学級会）」「係活動」「集会活動」の３つがある。発達段階に即して共通の指導ができるようにする活動形態別の評価規準を設定し，それをもとに，事前・本時・事後の一連の活動のなかで評価をする。

　学級活動「（2）日常の生活や学習への適応と自己の成長及び健康安全」では，子ども一人一人が，自分の生活上の課題を見いだし，よりよく解決するための活動を重視している。また，学級活動「（3）一人一人のキャリア形成と自己実現」では，活動の過程を記述し振り返ることができる教材等の作成とその活用を通して，子ども自身が自己の成長や変容を把握し，主体的な学びの実現や今後の生活の改善に生かしたり，将来の生き方を考えたりする活動を重視している。学級活動（2）（3）については，自分の課題解決，生活改善に向けて自己決定させ，強い意志をもって粘り強く実践させる一連の活動が大切になるため，その流れの中で評価できるように配慮する必要がある。例えば，子どもが活動を記録し蓄積するポートフォリオ評価を活用することが考えられる。

②児童会・生徒会活動の評価

　児童会・生徒会活動では，準備，集会活動，振り返りの一連の活動過程に即し，目指す子どもの姿を明確にして，指導と評価にあたる。また，児童会・生徒会の活動は教師の目が届かない場で行われることも少なくないため，子どもの活動記録や自己評価などを効果的に活用することが考えられる。児童会・生徒会活動についても，それぞれの担当教師が学級担任に評価を伝える協力体制を構築する必要がある。

③クラブ活動の評価

　クラブ活動は「クラブの組織づくりとクラブ活動の計画や運営」「クラブ

第15章　特別活動における評価

を楽しむ活動」「クラブの成果の発表」の3つの内容において目指す子どもの姿を明確にし，活動記録，成果物や発表，自己評価などを資料として評価する。なお，クラブ活動においても，担当教師は学級担任にどう評価を伝えるか，あらかじめ決めておく必要がある。

④学校行事の評価

　学年や学校を単位とする活動を教師が意図的，計画的な指導を通して行う学校行事では，5つの行事ごとの評価規準に基づいて評価を行う。学校行事においては，すべての子どもの活動状況を直接観察することはむずかしく，学級担任以外が評価することもあるため，教師同士の協力体制を構築し，子どもの成果物や感想文，振り返りなどを活用して子どものよさや可能性を見とるようにする必要がある。

（4）特別活動における評価事例／小学校の学級活動（5年）

　以下は，「どうすれば係活動が活発になるか」をテーマにした学級活動の事例（第9章第1節）における「学級会後の指導」になる。

①**実践の準備**：準備は大切な集団活動である。それぞれの活動の進み具合やお願いしたいことなどを連絡し合うことで，活動意欲を高めることができる。また，振り返りの時間を設定し，進んで活動している係を称賛するとともに，活動が滞っている係や子どもには，仕事の内容を明確にするなど個別に助言する。〔Cは子ども，Tは教師〕

　　　C「新しくこんな仕事をしたらどうかな。役割の分担を決めよう」

　　　T「いつまでにやるか，予定を立てて協力して準備をしよう」

　　　C「みんなの役に立つように工夫しようね」

②**学級会で決まったことの実践**：実践でも，話合いのときの提案理由に立ち返り，めあてをもって活動できるように助言する。

　　　C「提案理由を意識して，クラスの役に立つ活動が続けられるように声をかけ合おう」

③**活動の振り返り**：自分の活動を振り返る自己評価や，互いによさを認め合う相互評価を取り入れ，成果と課題について，以下のようなものを用いて整理する。

172

第3節　特別活動における評価の具体

○自己評価シート，相互評価シート（友達のがんばり発見シート）は，ファイルに保存し，自己の変容を振り返る資料とする。

○全体の成果と課題を掲示し，次の活動へ生かせるようにする。「学級の歩み」として継続して掲示していくとよい。

○学級だよりなどを通じて，家庭にも活動の様子や成果を伝えることで，理解が得られるようにする。

○事前・本時・事後の一連の活動を終えるたびに振り返り，成果や課題を次に生かしていくことで，個も集団も成長することができる。

○教師は実践した活動を，学校ごとに定められた評価規準（表15－⑨）に従って，観察，面接（聞き取り），調査（アンケートや評価シート）により，総合的に評価する。〔Cは子ども〕

　C　「クラスの役に立つように係活動を工夫することができてよかったです」

　C　「友達のよいところをたくさん見つけることができました」

表15－⑨　評価規準の例（学級会～どうすれば係活動が活発になるか～）

よりよい生活を築くための知識・技能	集団や社会の形成者としての思考・判断・表現	主体的に生活や人間関係をよりよくしようとする態度
・建設的な意見を発表することができている ・話合いの進め方や話し合うときのルールを理解している	・問題を自分のこととして捉え，解決のためのアイデアを提出している ・目的と役割を自覚し，忘れることなく実践している	・学級の問題に気付き，思いを表明できる ・積極的に解決に向けた意見を発表している ・積極的に係活動の充実に取り組もうとしている

　活動後の振り返りには，自己評価に合わせて仲間からの評価（相互評価）をもらう。相互評価は，自分と友達とで，互いのよさを認め合うことによって，人間関係の深まりや次の実践への意欲につながるのである。

　相互評価によく使用される構成的グループエンカウンターのエクササイズが，「いいとこ四面鏡」である。

　一緒に活動したグループのメンバーから○をつけてもらい，その理由を伝えてもらい，最後に自分の感想をグループのみんなに伝え，互いの思いをシェアするのである。

173

第15章　特別活動における評価

図15-⑩　相互評価ノート

河村茂雄編著『グループ体験によるタイプ別学級育成プログラム　小学校編』図書文化，國分康孝監修
『エンカウンターで学級が変わる　中学校編』図書文化　をもとに作成

い　い　と　こ　四　面　鏡

いろいろな 「いいところ」	書いてくれたメンバーの名前			
	さん	さん	さん	さん
1．しっかりしている				
2．頼りになる				
3．心くばりのある				
4．公平な				
5．堂々とした				
6．エネルギッシュな				
7．人なつっこい				
8．活発な				
9．好奇心たっぷりな				
10．何でもよく知っている				
11．意志が強い				
12．てきぱきした				
13．かわいらしい				
14．誠実な				
15．何ごとも一生懸命な				
16．優しい				
17．ユーモアがある				
18．さわやかな				
19．あたたかい				
20．気どらない				
21．ねばり強い				
22．穏やかな				
23．思いやりのある				
24．落ち着いている				
25．正直な				
26．笑顔が素敵な				
27．親切な				
28．包容力のある				
29．話を聞いてくれそうな				
30．人を惹きつける				

自分の名前（　　　　　　　　　　　　）

引用及び参考文献一覧：

第1章．特別活動はどんな学習活動か．

河村茂雄（2014）．学級リーダー育成のゼロ段階．図書文化．

松浦正浩（2010）．実践！交渉学　いかに合意形成を図るか．筑摩書房，ちくま新書．

C.H.ケプナー，B.B.トリゴー著，上野一郎訳(1985)．新・管理者の判断力．産業能率大学出版部．

ユニセフ・イノチェンティ研究所，国立教育政策研究所・国際研究・協力部訳（2010）．
レポートカード7（研究報告書）－先進国における子どもの幸せ－．（原著：UNICEF Innocenti Research Centre（2007）．Child Poverty in Perspective：An Overview of Child Well-being in Rich Countries．Innocenti Report Card 7．）

第2章．特別活動の教育上の特性．

二宮皓編（2006）．世界の学校．学事出版．

学校教育研究所編（2006）．諸外国の教育の状況．学校図書．

第3章．特別活動の目標と主な内容．

文部科学省（2017）．小学校学習指導要領解説－特別活動－．

文部科学省（2017）．中学校学習指導要領解説－特別活動－．

文部科学省（2018）．高等学校学習指導要領解説－特別活動－．

国立教育政策研究所(2013)．楽しく豊かな学級・学校生活をつくる特別活動－小学校編－．

杉田洋編著(2017)．平成29年度小学校学習指導要領ポイント総整理－特別活動－．東洋館出版社．

第4章．特別活動の教育課程上の位置づけ．

文部科学省（2017）．小学校学習指導要領解説－特別活動－．

文部科学省（2017）．中学校学習指導要領解説－特別活動－．

河村茂雄（2012）．学級集団づくりのゼロ段階．図書文化．

河村茂雄（2010）．日本の学級集団と学級経営．図書文化．

黒上晴夫編著（2017）．平成29年度小学校学習指導要領ポイント総整理－総合的な学習の時間－．東洋館出版社．

第5章．特別活動で教員に求められる力量．

中央教育審議会（2012）．新たな未来を築くための大学教育の質的転換に向けて－生涯学び続け，主体的に考える力を育成する大学へ－（答申）．
http://www.mext.go.jp/b_menu/shingi/chukyo/chukyo0/toushin/1325047.htm

河村茂雄（2017）．アクティブラーニングを成功させる学級づくり．誠信書房．

Barr.R.B.,& Tagg.J.（1995）．From teaching to learning：A new paradigm for undergraduate education.*Change*,27(6),12-25．

Reeve .J.（2006）．Teacher as facilitators：What autonomy supportive Teachers do and why their students benefit．*The Elementary school Journal*,106,225-236．

Nasiri.F.,& Mafakheri.F.（2015）．Higher Education Lecturing and Humor：From Perspectives to Strategies．*Higher Education Studies*．5,26-31．

Korobkin.D. (1988). Humor in the classroom : Considerations and strategies.*College Teaching*. 36,154-158.

河村茂雄 (2010). 日本の学級集団と学級経営. 図書文化.

文部科学省 (2010). 生徒指導提要.

野島一彦編 (1999). 現代のエスプリ―グループ・アプローチ―. 至文堂.

國分康孝 (1981). エンカウンター. 誠信書房.

國分康孝 (1992). 構成的グループエンカウンター. 誠信書房.

河村茂雄・品田笑子・藤村一夫編著(2007).学級ソーシャルスキル・小学校低学年.図書文化.

河村茂雄・品田笑子・藤村一夫編著(2007).学級ソーシャルスキル・小学校中学年.図書文化.

河村茂雄・品田笑子・藤村一夫編著(2007).学級ソーシャルスキル・小学校高学年.図書文化.

河村茂雄・品田笑子・小野寺正己編著 (2008). 学級ソーシャルスキル・中学校. 図書文化.

平木典子編 (2008). アサーション・トレーニング. 至文堂.

河村茂雄 (2006). 学級づくりのためのQ－U入門. 図書文化.

第６章．特別活動と学級経営―学級集団の心理学―.

澤 正 (1912). 学級経営. 弘道館.

手塚岸衛 (1922). 自由教育真義. 東京実文館.

木下竹次 (1923). 学習原論. 目黒書店.

河村茂雄 (2010). 日本の学級集団と学級経営. 図書文化.

河村茂雄 (2012). 学級集団づくりのゼロ段階. 図書文化.

第７章．特別活動の全体計画と指導計画.

河村茂雄 (2012). 学級集団づくりのゼロ段階. 図書文化.

河村茂雄・藤村一夫・浅川早苗編著 (2009). Ｑ－Ｕ式学級づくり. 図書文化

文部科学省初等中等教育局 (2019). 小学校, 中学校, 高等学校及び特別支援学校等における児童生徒の学習評価及び指導要録の改善等について(通知)(30文科初第1845号)(平成31年3月29日).

文部科学省国立教育政策研究所教育課程研究センター (2020).「指導と評価の一体化」のための学習評価に関する参考資料.

第８章．学級活動・ホームルーム活動とは.

文部科学省 (2017). 小学校学習指導要領解説―特別活動―.

文部科学省 (2017). 中学校学習指導要領解説―特別活動―.

第９章．学級活動の指導の実際.

ジェーン・ネルセン, リン・ロット, Ｈ・ステファン・グレン著, 会沢信彦訳, 諸富祥彦解説 (2000). クラス会議で子どもが変わる―アドラー心理学でポジティブ学級づくり―. コスモ・ライブラリー.

河村茂雄 (2002). 教師のためのソーシャル・スキル. 誠信書房.

河村茂雄 (2018). 主体的な学びを促すインクルーシブ型学級集団づくり. 図書文化.

国立教育政策研究所 (2018). みんなで, よりよい学級・学校生活をつくる特別活動―小学校編―.

第10章．児童会・生徒会活動とは．

中央教育審議会（2016）．幼稚園，小学校，中学校，高等学校及び特別支援学校の学習指導
　要領等の改善及び必要な方策等について（答申）（中教審第197号）．

生徒会活動支援協会HPより．猪股大輝（2016）．「生徒会」のルーツを探れ：生徒会歴史シ
　リーズ．https://seitokai.jp/archives/1071/2（2018.8.8）．

喜多明人・林量俶・坪井由実・増山均編著（1996）．子どもの参加の権利－「市民としての
　子ども」と権利条約－．三省堂．

文部科学省（2017）．新しい学習指導要領の考え方―中央教育審議会における議論から改訂，
　そして実施へ－（2017年9月28日）．

文部科学省（2017）．小学校学習指導要領．

文部科学省（2018）．小学校学習指導要領解説－特別活動編－．

文部科学省（2017）．中学校学習指導要領．

文部科学省（2018）．中学校学習指導要領解説－特別活動編－．

文部科学省（2018）．高等学校学習指導要領．

国立教育政策研究所（2016）．特別活動指導資料－学級・学校文化を創る特別活動－．

杉浦正和（2012）．日本の生徒会の「自治」と学校参加－社会参加・協働の意義と能力を育
　てるカリキュラム・生徒活動の研究Ⅱ－．高校・中学教育研究報告書〈2011年度版〉．学
　校法人芝浦工業大学．1-14．

冨岡勝（2005）．戦後公教育の成立．世織書房．

第11章．児童会・生徒会活動の指導の実際．

文部科学省（2017）．小学校学習指導要領解説－特別活動編－．

河村茂雄（2013）．Q-U・hyper-QUの解釈と活用．応研レポート，81，1-12．

河村茂雄（2014）．学級リーダー育成のゼロ段階．図書文化．

国立教育政策研究所（2016）．学級・学校文化を創る特別活動－中学校編－．東京書籍．

城戸茂・島田光美・美谷島正美・三好仁司編著（2018）．中学校教育課程実践講座（改訂）．
　ぎょうせい．

第12章．クラブ活動の内容と指導の実際．

文部省（1947）．学習指導要領一般編（試案）．

文部省（1958）．小学校学習指導要領．

文部省（1958）．中学校学習指導要領．

文部省（1960）．高等学校学習指導要領．

文部省（1968）．小学校学習指導要領．

文部省（1969）．中学校学習指導要領．

文部省（1970）．高等学校学習指導要領．

文部省（1989）．小学校学習指導要領．

文部省（1989）．中学校学習指導要領．

文部省（1989）．高等学校学習指導要領．

文部科学省（2017）．小学校学習指導要領．

文部科学省（2017）．中学校学習指導要領．

文部科学省（2018）．高等学校学習指導要領．

文部科学省（2018）．小学校学習指導要領解説－特別活動編－．

文部科学省（2018）．中学校学習指導要領解説－特別活動編－．

国立教育政策研究所（2013）．楽しく豊かな学級・学校生活をつくる特別活動－小学校編－．

長谷川祐介（2013）．高校部活動における問題行動の規定要因に関する分析の試み－指導者の暴力，部員同士の暴力・いじめに着目して－．大分大学教育福祉科学部研究紀要．35, 153-163.

岡田有司（2009）．部活動への参加が中学生の学校への心理社会的適応に与える影響　部活動のタイプ・積極性に注目して．教育心理学研究, 57, 419-431.

第13章．学校行事とは．

文部科学省（2017）．小学校学習指導要領．

文部科学省（2017）．中学校学習指導要領．

藤田晃之編著（2017）．平成29年度中学校新学習指導要領の展開－特別活動編－．明治図書出版．

樽木靖夫（2005）．中学生の仲間集団どうしのつき合い方を援助する学校行事の活用．教育心理学年報, 44, 156-165.

樽木靖夫（2013）．学校行事の学校心理学．ナカニシヤ出版．

河本愛子（2014）．中学・高校における学校行事体験の発達的意義：大学生の回顧的意味づけに着目して．発達心理学研究, 25, 453-465.

文部科学省（2018）．小学校学習指導要領解説－特別活動編－．

文部科学省（2018）．中学校学習指導要領解説－特別活動編－．

広岡義之編著（2015）．新しい特別活動－理論と実践－．ミネルヴァ書房．

杉田洋編著（2017）平成29年度小学校新学習指導要領ポイント総整理－特別活動－．東洋館出版社．

山口満・安井一郎（2010）．改定新版特別活動と人間形成．学文社．

山﨑英則・南本長穂編著（2017）．新しい特別活動の指導原理．ミネルヴァ書房．

第14章．学校行事の指導の実際．

瀬尾美紀子（2008）．学習上の援助要請における教師の役割―指導スタイルとサポート的態度に着目した検討－．教育心理学研究, 56, 243-255.

河村茂雄（2005）．若い教師の悩みに答える本．学陽書房．

河村茂雄（2010）．授業づくりのゼロ段階．図書文化．

河村茂雄（2014）．学級リーダー育成のゼロ段階．図書文化．

河村茂雄（2017）．アクティブラーニングを成功させる学級づくりとは．誠信書房．

第15章．特別活動における評価．

文部科学省初等中等教育局（2019）．小学校，中学校，高等学校及び特別支援学校等における児童生徒の学習評価及び指導要録の改善等について(通知)(30文科初第1845号)(平成31年3月29日)．

文部科学省国立教育政策研究所教育課程研究センター（2020）．「指導と評価の一体化」のための学習評価に関する参考資料．

河村茂雄編著(2001).グループ体験によるタイプ別学級育成プログラム・中学校編.図書文化.

あとがき

　私は公立学校教諭であった20代のころに学級集団づくりや集団活動に興味をもち，30代に入って大学院に進学し，國分康孝先生にカウンセリングと構成的グループエンカウンターを学んだ。以来，大学教員として勤めながら，カウンセリング心理学を基盤としたグループアプローチの研究と実践を継続してきた。

　以上の経験から得た知見をもとに，私はこれまで，教育相談における開発的支援としてのグループアプローチ，子どもの居場所となり心理社会的発達に寄与する学級集団づくり，自己調整学習を展開する学習集団の育成，教師の自律性支援的な指導行動のあり方についての具体策を，教育現場に提供することを，取り組みの一つの柱としてきた。

　一方で，特別活動の学級活動や集団活動の取り組みについて，ずっと気になっていたものの，それらの文献をほとんど読んでこなかった。自分の研究を進めるにあたっても，先行研究として取り上げることはなかった。その背景には，自分は心理学系で，特別活動は教育学系という研究領域の違いに関する意識もあったと思う。

　ところが昨年，転機があった。私が理事長をしている日本教育カウンセリング学会の全国大会で筑波大学の藤田晃之先生にご登壇いただき，特別活動に関するご講演をうかがった。それがまさに目から鱗だったのである。私が目指しているものと，特別活動が目指しているものは，背景にある思いはまったく同じだと感じた。

　それ以来，特別活動に関する文献や論文を読む機会は格段に増え，その結果，自分が取り組んできた研究の意義が，あらためて特別活動の視点からも認識できたのである。

　学習指導要領（2017）で強調されている「主体的な学び」「対話的な学び」「深い学び」の視点からの学習活動の改善とは，協同や活動をベースに

した学習を重視するものである。このような学習および学習活動とは，特別活動の考え方と方法論そのものであり，心理学では自己調整学習として注目を浴びている。そして，協同や活動をベースにした学習および学習活動の思想的背景とは，20世紀初期のアメリカの新教育運動のなかでデューイが提起した問題解決学習と近似している。

　情報や知識が急速に更新されていく変化の激しい「知識基盤社会」では，私自身も，既成の学問領域に閉じて考える，問題解決に向かう方法論が違う学派の人とはかかわらない，このような姿勢では社会の変化に取り残されてしまいかねないと思う。

　今回，特別活動のテキスト作成の機会をいただいたことは，自分が固持していた枠組を，思い切って拡大してみる機会となった。編集作業を完了したいま，次の10年に向けて，私も柔軟に変化していきたいと考えている。

　本書は，現役の先生方には，特別活動の指導のなかで教師が連携するためのチェックポイントとして，そして，教師を志す学生のみなさんには，特別活動の指導法の学習を進めていくためのガイドとして，活用していただけると幸いである。

　心理学を始めとしてそれぞれの専門分野から執筆を快く引き受けてくださった先生方，ていねいな編集作業を進めてくださった図書文化社の佐藤達朗さん，心からお礼を申し上げたい。

　最後に，本書を故國分康孝先生に捧げます。
　いつも，人生に対して挑戦する勇気を喚起してくださいました。
　とても大好きなあこがれの先生でした。

　2018年8月

編著者　河村　茂雄

■編著者紹介

河村　茂雄　かわむら・しげお　早稲田大学教育・総合科学学術院教授　**1章, 2章, 6章**
筑波大学大学院教育研究科カウンセリング専攻修了。博士（心理学）。公立学校教諭・教育相談員を経験し，岩手大学助教授，都留文科大学大学院教授を経て現職。日本学級経営心理学会理事長，日本教育カウンセリング学会理事長，日本教育心理学会理事，日本カウンセリング学会理事，日本教育カウンセラー協会岩手県支部長。『教師のためのソーシャル・スキル』『アクティブラーニングを成功させる学級づくり』（誠信書房），『日本の学級集団と学級経営』『学級集団づくりのゼロ段階』（図書文化），『教師のための失敗しない保護者対応の鉄則』（学陽書房）他著書多数。

■執筆者紹介 (原稿順，所属は2018年8月現在)

熊谷圭二郎　くまがい・けいじろう　千葉科学大学准教授　**3章3・6, 4章1・3・7, 7章1-2, 9章3-4, 15章**
早稲田大学大学院教育学研究科博士後期課程（研究指導終了退学）。公立高等学校教諭を経て現職。早稲田大学非常勤講師。臨床心理士。日本カウンセリング学会役員。学級集団や学習集団における人間関係について研究を進めている。著書に『学級担任が進める特別支援教育の知識と実際（分担執筆）』（図書文化），『実践「みんながリーダー」の学級集団づくり・中学校（編集協力）』（図書文化）他。

齊藤　勝　さいとう・まさる　帝京平成大学現代ライフ学部講師　**3章4-5, 4章2・4, 7章3**
早稲田大学大学院教育学研究科博士後期課程に在籍。教職修士（専門職）。民間放送局に勤務した後，公立小学校教諭，教育委員会を経て現職。学級経営の理論に加え，学びのユニバーサルデザイン（UDL）の視点を生かしたICT利活用の可能性について研究を進めている。著書に『実践「みんながリーダー」の学級集団づくり・小学校（分担執筆）』（図書文化）など。

藤原　寿幸　ふじわら・としゆき　東京福祉大学教育学部教育学科講師　**3章1-2, 4章5-6, 7章4**
東京学芸大学教育学部卒業。早稲田大学大学院教職研究科修了。15年間の公立小学校教諭・主任教諭としての経験を経て，現職。「子どもたちによる主体的な学級づくり」に関心をもち，学級経営について研究を続ける。早稲田大学大学院教育学研究科博士後期課程在籍。学校心理士，上級教育カウンセラー，ガイダンスカウンセラー。

河村　昭博　かわむら・あきひろ　早稲田大学教育・総合科学学術院非常勤講師　**5章**
早稲田大学大学院教育学研究科修了。博士（教育学）。教員の指導行動と教員のユーモア表出および児童生徒のスクール・モラールとユーモア表出にかかわる実証的な研究を深めている。公立小学校，公立中学校へ学級経営の助言や講義等を行っている。またインクルーシブ教育，インターンシップ活動実践にも取り組んでいる。

森永　秀典　もりなが・ひでのり　岡山市立芳泉小学校教諭　**12章7, コラム (P.86)**
早稲田大学大学院教育学研究科博士後期課程（研究指導終了退学）。『集団の発達を促す学級経営　低学年』『学級集団づくりエクササイズ　小学校』『Q-U式学級づくり　小学校高学年』（図書文化）『「Q-U」を活用した授業づくりと学級づくり』（学事出版）『保護者の安心・信頼につながる対応術』（合同出版）分担執筆。

河村　明和　かわむら・あきかず　東京福祉大学大学院保育児童学部助教　**9章5, 12章1-6・8　コラム(P.70・113・114)**
早稲田大学大学院教職研究科高度教育専攻修了。教職修士（専門職）。早稲田大学大学院教育学研究科教育基礎学専攻博士後期課程に在学し現職。特別活動の指導法，児童生徒指導論，教育方法論などを授業で担当。教科，教科外にかかわらず，児童生徒の主体的な学びにおける教育的効果についての研究を行っている。

苅間澤勇人 かりまざわ・はやと　会津大学文化研究センター教授　**8章**

早稲田大学大学院教育学研究科博士後期課程（研究指導終了退学）。公立高等学校教諭を経て現職。日本学級経営心理学会常任理事，日本教育カウンセリング学会常任理事，日本カウンセリング学会理事，同認定カウンセラー会理事。ガイダンスカウンセラー（上級教育カウンセラー），学校心理士SV。教育困難校における効果的な心理教育的援助に関する研究を続けている。

深沢　和彦 ふかさわ・かずひこ　東京福祉大学教育学部准教授　**9章1-2，15章**

公立学校の教諭として29年間勤務，早稲田大学非常勤講師を経て現職。日本学級経営心理学会監事，学校心理士，上級教育カウンセラー，ガイダンスカウンセラー。『教師のためのソーシャル・スキルトレーニング（共著）』（合同出版），『集団の発達を促す学級経営・小学校中学年（共編著）』『学級担任が進める特別支援教育の知識と実際（分担執筆）』（図書文化）他。

長須　正明 ながす・まさあき　九州産業大学国際文化学部教授　**10章**

青山学院大学大学院文学研究科教育学専攻博士後期課程単位取得退学。東京都公立学校教諭（22年間），川崎市立看護短期大学教授等を経て現職。日本キャリア教育学会編集委員。著書に『地方に生きる若者たち－インタビューからみえてくる仕事・結婚・暮らしの未来』（石井・阿部・宮本編，旬報社）『すべての若者が生きられる未来を－家族・教育・仕事からの排除に抗して』（宮本編，岩波書店）など。

伊佐　貢一 いさ・こういち　魚沼市立湯之谷小学校校長　**11章1-4**

新潟県公立小学校教員，上越教育大学学校教育実践研究センター特任准教授，魚沼市学習指導センター統括指導主事を経て現職。日本教育カウンセリング学会常任理事。上級教育カウンセラー。学校心理士。ガイダンスカウンセラー。教員組織，ソーシャルスキル教育，学級集団づくり等の実践的研究を行っている。

根田　真江 ねだ・さなえ　富士大学客員教授　**11章5-8**

早稲田大学大学院教育学研究科博士後期課程（研究指導終了退学）。岩手県公立中学校教諭，副校長，校長を経て，現職。日本学級経営心理学会理事，日本教育カウンセラー協会岩手支部理事。『集団の発達を促す学級経営・中学校』（共編著，図書文化），『災害時にこそ問われる学級経営力　岩手・三陸編』（共著，早稲田大学出版部）。

井芹　まい いせり・まい　小田原短期大学保育学科助教　**13章**

早稲田大学大学院教育学研究科博士後期課程（研究指導終了退学）。私立中学・高校カウンセラー，早稲田大学非常勤講師を兼務。初等教育学を専攻した経験をもとに，その知見を中学校・高校・専門学校・大学の教育に生かすことを志す。現在は「大学生の社会的資質・能力の獲得とキャリア選択」に興味がある。

森　俊博 もり・としひろ　岡山市立財田小学校教諭　**14章**

早稲田大学大学院教育学研究科教育基礎学専攻博士後期課程に在籍。学級経営・特別活動・教育課程・ソーシャルスキル教育・道徳教育等についての研究を進めながら，さまざまな小学校で学級経営やhyper-QUについての校内研修の講師を行っている。学校現場で活用できる実践的な研究を行っていきたい。

水谷　明弘 みずたに・あきひろ　名古屋産業大学教授・早稲田大学客員教授　**14章**

早稲田大学大学院教育学研究科博士後期課程（研究指導終了退学）。三重県教育委員会事務局生徒指導・健康教育室室長，三重県立四日市高等学校校長を経て現職。学校法人津田学園中等教育顧問，教育カウンセリング学会監事，学校心理士，ガイダンスカウンセラー。生徒指導，教育方法，教育課程，特別活動，道徳教育等について研究を行っている。

修正情報
【初版第2刷】
・平成31年の文部科学省通知（30文科初第1845号）に基づき，学習評価に係る記述を修正（第7章，第15章）

特別活動の理論と実際

2018年10月1日　初版第1刷発行［検印省略］
2025年5月1日　初版第4刷発行

編著者　**河村茂雄**
発行人　**則岡秀卓**
発行所　株式会社 **図書文化社**
　　　　〒112-0012　東京都文京区大塚1-4-15
　　　　Tel: 03-3943-2511　Fax: 03-3943-2519
　　　　http://www.toshobunka.co.jp/
装　幀　株式会社 オセロ
印刷・製本　株式会社 厚徳社

Ⓒ KAWAMURA Shigeo, 2018　Printed in Japan
ISBN　978-4-8100-8710-9　C3037

JCOPY　＜出版者著作権管理機構　委託出版物＞
本書の無断複写は著作権法上での例外を除き禁じられています。
複写される場合は，そのつど事前に，出版者著作権管理機構
（電話03-5244-5088，FAX 03-5244-5089，e-mail:info@jcopy.or.jp）
の許諾を得てください。

乱丁・落丁本はお取り替えいたします。定価はカバーに表示してあります。

河村茂雄の学級経営

学級経営についての研究を続ける著者が，学級集団制度に伴う，学校教育最大の「強み」と「危機」を浮き彫りにしながら，集団の教育力を生かす学校システムを生かす教育実践を提案します。

●入門編

学級づくりのためのQ-U入門
A5判 本体1,200円+税

授業づくりのゼロ段階
A5判 本体1,200円+税

学級集団づくりのゼロ段階
A5判 本体1,400円+税

学級リーダー育成のゼロ段階
A5判 本体1,400円+税

アクティブ・ラーニングのゼロ段階
A5判 本体1,200円+税

●実践編

Q-U式学級づくり
小学校（低学年／中学年／高学年）／中学校
B5判 本体各2,000円+税

学級ソーシャルスキル
小学校（低学年／中学年／高学年）／中学校
B5判 本体2,400〜2,600円+税

ここがポイント
学級担任の特別支援教育
B5判 本体2,200円+税

●応用編

学級集団づくりエクササイズ
小学校編／中学校編
B5判 本体各2,400円+税

授業スキル
小学校編・中学校編
－学級集団に応じる授業の構成と展開－
B5判 本体各2,300円

学級タイプ別 繰り返し学習のアイデア
小学校編・中学校編
B5判 本体各2,000円

学級崩壊 予防・回復マニュアル
B5判 本体2,300円

シリーズ 事例に学ぶQ-U式学級集団づくりのエッセンス
集団の発達を促す学級経営
小学校（低／中／高）・中学校・高校
B5判 本体2,400〜2,800円

シリーズ 事例に学ぶQ-U式学級集団づくりのエッセンス
実践「みんながリーダー」の学級集団づくり
小学校／中学校　B5判 本体各2,400円+税

主体的な学びを促す
インクルーシブ型学級集団づくり
A5判 本体1,800円+税

図書文化